KB063279

초등학교 랩소디

*이 책의 본문에 등장하는 모든 이름들은 가명임을 밝힙니다.

초등학교 랩소디

초판 인쇄 2016년 7월 10일
1쇄 발행 2016년 7월 15일

지은이 최연선
펴낸이 이송준
펴낸곳 인간희극
등   록 2005년 1월 11일 제319-2005-2호
주   소 서울특별시 동작구 사당동 1028-22
전   화 02-599-0229
팩   스 0505-599-0230
이메일 humancomedy@paran.com

ISBN 978-89-93784-44-2 03370

• 잘못 만들어진 책은 구입하신 곳에서 바꾸어 드립니다.
• 값은 뒤표지에 표기되어 있습니다.

※ 이 책의 저작권은 지은이 최연선과 출판사 인간희극에 있습니다.
   저작권법에 의하여 보호를 받는 저작물이므로 무단전재와 복제를 금합니다.

집에서는 알 수 없는, 학교에서만 보이는

우리 아이 희로애락 통신문

초등학교
랩소디

최연선 지음

인간
희극

차례

❶ 교시
선생님 선생님, 우리 선생님

❷ 교시
달콤쌉싸름한 나의 친구

초등학생 엄마들의 궁금증 BEST 8

❸ 교시
학교에서도 항상 엄마, 아빠를 생각해요

❹ 교시
약속을 통해 세상을 배워가는 아이들

초등학생 엄마들의 궁금증 BEST 8

따스히 귀 기울이며 기록한
이 시대 아이들의 희로애락

홍 재 원

前 싱가포르 한국학교 교장
前 서울가원초 교장

최연선 선생님은 젊은 시절, 2년간의 짧은 교사생활을 접고 두 아이를 키우기 위해 학부모로서의 삶을 오랫동안 살았습니다. 그렇게 아이들을 모두 키우고 다시 교육 현장에 돌아왔을 때 그녀가 보았던 학교 풍경은 예전과 같지 않았으리라 생각됩니다. 학교라는 테두리를 벗어나야만 온전히 동감할 수 있는 새로운 시선을 얻었다고나 할까요? 그래서 그런지 최 선생님의 글에는 학부모의 시선과 교사의 시선이 절묘하게 어우러져 균형이 잘 잡혀있습니다.

받아쓰기 시험의 최저 점수를 90점부터 시작해서 어린이들 모두에게 성취감과 자신감을 키워주는 '96점과 60점의 차이', 어린이들의 마음속 상처를 어루만져 주는 '큐피트의 화살', 어린이들 간의 분쟁에서 스스로 문제를 해결하면서 참된 우정을 찾게 하는 '또래 참여 재판', 실생활과 밀접한 이야기들 속에서 자녀교육에 대한 새로운 관점을 제공하는 '좋은 책가방이란' 등, 이 책에 수록된 에피소드 하나하나는 초등학교에서 일어날 수 있는 여러 가지 상황들을 손에 잡힐 듯 생생하게 기록하고 있습니다. 이 책을 통해 학부모들은 내 자녀의 학교생활을 좀 더 자세하게 들여다보면서 집에서는 미처 몰랐던 아이들의 내면을 이해할 수 있을 것입니다. 학교 현장의 선생님들 또한 학생 한 명 한 명이 모두 행복한 교육 공간을 만들기 위한 귀중한 영감을 얻을 수 있을 것입니다.

교육계 선배로서 몇 년간 지켜본 최연선 선생님은 어제보다는 오늘, 오늘보다는 내일, 더 나은 행복을 전파하려고 끊임없이 노력하는 행복전도사의 모습이었습니다. 최 선생님의 교육철학과 교육목표는 모든 어린이들이 행복을 느낄 수 있도록 인정해 주고, 칭찬해 주며, 어린이들의 이야기에 귀 기울이는 것이라 생각됩니다. 최 선생님의 교육철학이 고스란히 녹아들어 있는 이 책을 통해 이 땅의 초등학생 어린이들이 부모님들과 선생님들의 좀 더 따뜻한 돌봄 속에서 행복을 누렸으면 하는 바람입니다.

부산 교육대학을 졸업하고 2년간 새내기 교사 생활을 하는 동안, 거의 모든 교사와 아이들이 좋아하는 일요일과 공휴일이 난 싫었다. 특히 긴 여름방학과 겨울방학은 더 싫었다. 우리 반 꼬맹이들이 보고 싶어 견딜 수 없었기 때문이다. 그러다 결혼을 하고 큰 아이를 가지면서 교단을 떠났다. 맡았던 아이들이 보고 싶어 오랫동안 울기도 많이 울었다. 첫 아이가 입학하던 날에는 걱정과 설렘, 벅찬 감격으로 가슴이 뛰었고 눈가가 젖었다.

'드디어 학교에 입학을 하는구나! 담임 선생님은 어떤 분일까? 공부는 잘 할까? 친구들과 잘 지낼까? 하얀 도화지에 무엇이, 어떤 색깔로 채워질까?'

아침마다 아이 손을 잡고 교문 앞까지 데려다 주었고, 하교 시간에 맞춰 교문 앞에서 기다리다가 집으로 데리고 왔다. 학부모회에서 임원으로 활동도 했고, 즐거운 마음으로 교실 청소당번도 해 보았다. 학예회와 운동회 때는 우리 아이가 혹시 실수라도 할까 봐 불안한 마음으로 가슴을 졸였다. 내 아이가 다소 부족한 점이 있더라도 그것을 지적해 야단치고 혼내는 대신, 선생님의 따뜻한 손길로 감싸주고 사랑해 주기를 기대하는 학부모의 마음도 알았다. 공부만 잘 가르치는 쌀쌀한 선생님보다는, 따뜻한 가슴으로 아이들을 이해하고 내 자식처럼 사랑하는 선생님이 내 아이의 담임 선생님이 되기를 학부모들이 바란다는 것도 알았다.

그러다가 약 9년 만에 다시 교사의 길을 걷게 되었다. 학교에 일찍 출근해 아이들 책상 하나하나를 살펴본 뒤, 조용히 마음을 가다듬고 다음과 같은 기도를 20년 넘게 하고 있다.

'오늘 하루도 친절한 선생님이 되게 해 주소서. 아이들에게 화내지 않게 해 주시고 무슨 이야기를 하든 웃는 얼굴로 다정하게 들어주게 해 주소서. 내 반 아이들 모두가 즐겁고 행복한 학교생활이 되게 해 주소서.'

틈틈이 교단 일기를 쓰면서 나 자신을 반성하고, 변화하며 커 가는 우리 반 아이들의 성장 과정을 지켜보았다. 이 책에 실려 있는 모든 이야기는 그간의 교단일기에서 골라 다듬은 것이다. 실제로 학급에서 일어났던 일들로, 내 교직 생활의 역사이며 아이들의 학교생활 기록이다. 문학적 가치는 적을지 몰라도 아이들의 학교생활을 이해하는 데는 유용한 정보가 될 수 있을 것 같아 책으로 엮어 보았다. 이 책에는, 아이들 하나하나가 선생님과 친구들로부터 인정받기 위해 얼마나 노력하는지, 자기 마음을 이해하고 알아달라고 외치는 내면의 소리가 어떻게 행동으로 표현되며, 아이들 간의 갈등과 다툼이 왜 일어나고 어떻게 진행되며, 또 어떻게 화해하고 해결되는지 등이 나타나 있다.

개인정보 보호를 위해 이 책에 등장하는 아이들의 이름은 모두 가명임을 밝힌다. 이 책이 초등학교 학부모들에게는 자녀들의 마음을 이해하고, 공감하며, 배려하고, 수용하는 데 작은 도움이라도 되길 바라는 마음이다. 이 글을 쓰도록 동기유발을 제공한 사랑하는 내 모든 제자들에게 감사의 마음을 전한다.

2016년 초여름
서울에서 최연선

① 교시

선생님 선생님, 우리 선생님

선생님은 아이들에게 어떤 존재일까요?
때로는 호랑이처럼 무섭고, 때로는 친구처럼 다정하고,
때로는 다른 어른들처럼 알쏭달쏭해요.
초등학생들이 처음 경험하는 낯선 어른인 선생님은
아이들에게 어떤 의미일까요?
그 변화무쌍한 관계 속에서 아이들은 세상을 배워갑니다.

96점과 60점의 차이

교육 경력이 짧았을 때에는, 받아쓰기 채점을 할 때 10문제에 100점 만점으로 해서 맞는 개수에 따라 정확하게 점수를 매겼다. 한 개 틀리면 90점, 두 개 틀리면 80점 등으로 말이다.

내가 아이들을 조금 배려한 것이라곤 틀린 문제에 빗금을 그으면 아이가 상처를 받을 수도 있다고 해서 체크 표시(V)를 한 것뿐이었다.

그때의 아이들은 받아쓰기 공책을 받으면 누가 100점인가 아닌가만 중요하게 생각했다. 그래서 60점이나 50점을 맞은 아이들은 '공부를 못하는 아이'라고 놀림 당하는 것이 싫어서 친구들이 보지 못하게 공책을 숨기거나 울거나 하였다. 100점을 맞은 아이는 폴짝폴짝 뛰며 좋아하거나 잘난 척을 하기도 했다.

교육경력이 쌓이고 아이를 낳고 키워보니 아이와 학부모의 마음을 더 헤아리게 되었다. 그 중 한 가지 방법이 받아쓰기에서 한 개 틀리면 99점, 두 개 틀리면 98점을 써 주는 것이었다. 다 틀려도 90

점이다보니 아이들은 받아쓰기 공책을 되돌려 받는 날을 손꼽아 기다렸다.

"야! 96점이다."

"우와, 95점이다."

모두 다 재잘재잘.

100점이든 91점이든 점수에 상관없이 서로 공책을 보여주며,

"넌 '웃었습니다'가 맞았네."

"난 '갑자기'가 틀렸어." 하며 뿌듯해 했다.

전부 다 90점 이상이다 보니 그들 사이에 '공부를 못하는 아이'는 아무도 없었다.

그래서 처음으로 받아쓰기를 한 다음 날에는 학부모들로부터 감사 쪽지 편지를 많이 받는다.

존경하는 선생님

이렇게 사소한 것 하나까지도 배려해 주시니 안심하고 1년을 맡길 것 같습니다. 입학하고 몇 달 되지 않았고 아직 점수에 대한 개념도 없는 아이인데 60점을 써 주셨다면 얼마나 주눅이 들었을까요. 기쁜 얼굴로 학교에서 돌아와서는 96점이라고 아빠한테도 자랑을 하고 만나는 사람마다 자랑을 하고 다녔습니다. 선생님, 정말 감사합니다.

96점과 60점.

숫자 한 개의 작은 배려로 다른 사람에게 감동을 주는 것은 교사만이 가질 수 있는 특권인 것 같다.

남수의 첫사랑

　늦게 등교한 남수는 오자마자 책상에 엎드린 채 눈을 감고 있었다. 잠을 자는 것도 아니면서 무슨 말이든 거의 못 들은 척 해 버리고 실어증에 걸린 것처럼 하루 종일 한 마디도 하지 않았다.

　수업시간에 해야 할 활동은 물론이고 숙제, 알림장 쓰기도 전혀 하지 않았고, 5학년인데도 영어 알파벳 소문자를 제대로 알지 못해서 부진아 교실에 가서 보충 학습을 해야 될 정도였다. 체육시간에는 등을 구부리고 두 팔을 힘없이 축 늘어뜨린 채, 거북목을 하고서는 운동장을 혼자서 쉬지 않고 돌거나 알아듣지 못할 괴성을 짧게 지르며 딴딴한 시멘트벽 같은 데다가 발을 세게 차는 행동 등을 반복하였다.

　4학년 선생님으로부터 미리 들어 두었던 행동이라서 며칠을 지켜보다가, 남수 어머니에게 상담을 하러 학교로 오시라고 했다.

　나이가 아주 많아 보이고 조금 지친 얼굴을 한 남수 어머니가 교실에 들어서길래 '남수가 늦둥이인가 보다'라는 생각을 했다.

"남수가 5학년이 되어서도 특이한 행동들을 계속하는데 혹시 학교 상담실에서나 외부 상담기관에서 상담은 받아 보셨나요?"

"아니요, 선생님."

남수 어머니는 빠른 말투로 바로 말을 이어 갔다.

"남수가 집에서는 전혀 문제가 없는데 왜 학교 선생님들은 모두 행동이 이상하다고 하시는지 이해가 되지 않아요. 대학생인 형들이랑 나이 차이가 많긴 하지만 장난도 잘 치구요, 형들 말도 잘 들어요."

"아, 네, 그렇군요. 그런데 컴퓨터 게임은 하루에 몇 시간씩 하나요? 혹시 밤을 새워서 하나요?"

아이들이 난폭한 행동을 보이거나 자해 행위, 또는 멍한 모습을 보이면 게임 중독일 경우가 많기 때문에 물어본 것이었다.

"맞벌이인 데다가 형들도 늦게 들어오고 학원에 보내는 것도 아니니까 거의 밤 늦게까지 주로 남수 혼자 집에 있어요. 작년까지는 컴퓨터 게임을 4시간 이상씩 했는데 지금은 3시간 정도밖에 안 한다고 하네요."

'아니, 아들이 컴퓨터 게임을 매일 그렇게 하는데도 대수롭지 않게 여기다니!'

걱정이라곤 전혀 없는 듯한 남수 어머니의 표정에 나는 의아해졌다.

남수가 게임 중독이 되지 않도록 게임 시간을 하루에 30분 이내로 줄여보라고 했고 아이와 함께 학교 상담 선생님을 만나 보라고도 하였다.

학교 상담 선생님을 만난 녀석은 대화에는 응하지 않았지만 미술치료 상담기법으로 그림을 그려 보라고 하자 억지로 그림은 그렸다.

남수 어머니는 상담 선생님의 전화를 피했고 나에게는 학교 상담실에 가겠다고 여러 번 약속을 했지만 한 번도 지키지 않았다.

그래서 남수의 그런 행동이 엄마와의 관계에서 무슨 문제가 있기 때문이라는 것을 어렴풋이나마 짐작할 수 있었다.

결국은 남수 아버지와 상담을 했다.

"선생님, 선생님 뵐 면목이 없습니다. 사실은⋯⋯"

고개를 푹 숙인 채 한참을 머뭇거리면서 말이 없던 남수 아버지는 아주 어렵게 남수 이야기를 했다. 부적절한 관계였던 어떤 여자가 낳은 남수는 엄마의 뱃속에서나 태어나서나 축복받지 못했고 남수네 집으로 와서도 가족들의 관심을 받지 못한 채 양육되었다고 했다.

불쌍한 남수를 생각하니 가슴 깊게 상처가 생긴 듯 아려왔고 같은 여자로서 남수 어머니의 태도에 대해서도 이해가 되었다.

며칠 후, 남수 아버지는 남수가 '소아 우울증' 치료를 받기 시작했다고 알려 주었다.

나는 녀석에게 교무실이나 다른 반 교실로 심부름을 자주 보냈고 아이들이 하고 싶어 하는 '기름걸레로 교실 바닥 닦기' 등도 하게 했다. 일부러 내가 농담도 걸었고 눈도 서로 마주치려고 노력했다.

그러다 보니 어느 날부터인가 말없이 내 곁에 와서 공연히 어슬렁거리고 입가에 미소를 띨까 말까하는 묘한 표정을 짓기도 했다.

점차 여러 가지 모둠활동에 '하하하' 웃음소리를 내며 참여했고 가끔 모기만 한 소리로 "네"하고 대답하기도 했다. 개인발표 시간에는 교실 앞쪽으로 나와서 부끄러워하며 고개를 약간 들고 친구들을 말없이 바라보는 정도까지는 발전하였다.

남수가 6학년이 되던 해에, 눈부신 미모와 예쁜 미소를 지닌 여선생님이 우리 학교에 첫 발령을 받아서 왔다. 그 선생님이 남수의 담임 선생님이 되었는데 쉬는 시간이면 다른 반 남학생들이 그 여선생님을 보기 위해 몰려들었다.

우리 학교에 연예인처럼 인기가 많은 선생님이 탄생한 것이었다.

한 달도 채 지나지 않았을 즈음에 남수와 같은 반이 된 아이들이 내 교실로 찾아왔다.

"선생님, 남수가 오늘 영어 시간에 문장으로 발표를 했어요. 놀랍죠?"

"체육시간에도 열심히 하고 숙제 하느라 집에서 게임도 조금밖에 안 한대요."

눈을 반짝이며 남수에 대한 칭찬 이야기로 재잘거리는 아이들의 얼굴도 활짝 피었다.

"야아, 그래? 정말 반가운 소식이네. 반 친구들이 다정하게 잘 대해 주어서 그런가 보다. 아니면 담임 선생님 때문인가?"

"우리 선생님이 너무 예뻐서 그래요."

"저희들도 선생님께 잘 보이려고 서로 경쟁을 해요."

다음 날, 급식실에서 남수를 만났는데 식판을 들고 내 옆으로 성큼성큼 걸어오더니 웃으며 큰 소리로,

"선생님, 안녕하세요?"

하고 인사를 했다.

'아! 얼마나 듣고 싶었던 소리였던가.'

나는 아이의 머리를 쓰다듬으며 살짝 눈을 흘기며 말했다.

"담임 선생님이 예뻐서 엄청 좋은가 보구나?"

녀석은 조금 쑥스러운 듯 뒷머리를 긁적이며

"네."

하고 씨익 웃었다.

친구와 여러 선생님들, 그리고 가족의 사랑과 관심으로 남수의 마음이 서서히 녹을 무렵에 찾아 온 남수의 가슴 떨림.

긴 생머리를 가진 예쁜 선생님의 미소에 반한 남수의 첫사랑이 시작되었나 보다.

자석 대추

사슴 같이 맑은 눈을 가진 명섭이는 겁이 많고 눈물을 잘 흘렸다. 야단도 맞기 전에 두 눈을 껌벅이며 눈물을 방울방울 흘리기 때문에 야단을 칠 엄두도 내지 못했다.

'내가 너무 무서운가?'

하는 마음이 들어서 다른 아이들보다 더 친절하게 대해 주고 상냥한 표정으로 말해주어도 늘 겁먹은 표정이었다.

이 아이는 건강상 자주 화장실을 가야 했다. 공부시간에 앞으로 나오려고 하면 무슨 뜻인지 알기 때문에 미소부터 지어주며 고개를 끄덕여 주었다. 그래도 아이는 꼭 가까이 다가와서,

"선생님, 저어, 화장실일."

하고 기어들어가는 소리로 말을 했다. 녀석의 말이 채 말이 끝나기 전에,

"으응, 다녀와요."

하고 다시 한 번 미소를 띠며 작은 소리로 상냥하게 대답해 주

었다.

다른 아이들보다 칭찬표도 일부러 더 주고 심부름을 자주 시켜 보아도 여전히 나와 거리를 두는 것 같았다.

'나의 표정이나 생활지도 방법에 뭔가 잘못된 것이 있을까?'

늘 조심스러워하고 겁먹은 얼굴의 명섭이를 볼 때마다 나는 큰 고민이 되었다.

시월의 어느 날, 아이들이 가방을 메고 집에 갈 준비를 하느라 어수선할 때였다. 명섭이가 비닐 지퍼백 하나를 쑤욱 내밀었다. 그 안에는 굵은 알밤만큼이나 크고 윤기 나는 대추가 가득 들어 있었고 시골 할아버지댁 마당에서 딴 것이라고 적힌 쪽지도 있었다.

녀석의 기를 살려 주려고 일부러 눈을 크게 뜨고 고마워하며 바로 대추 한 개를 꺼내서 깨물었다. 단맛이 입 안에 가득 차서 이마에 주름이 생기도록 다시 한 번 눈을 아주 크게 뜨고 "우와!"해 주었더니 부끄러워하며 약간 미소를 지었다.

오후에 동료들과 나누어 먹었는데 다들 크기에 놀랐고 높은 당도에 감탄을 했다.

다음 날, 감사 쪽지를 명섭이 알림장에 붙여 주며 명섭이 칭찬 겸 대추 칭찬을 했다.

"명섭아, 어쩜 이렇게 대추가 명섭이처럼 똘망똘망하고 예쁘지?"

꼬맹이의 큰 눈이 빛나기 시작했다. 나는 이 순간을 놓치지 않고 칭찬 릴레이를 시작했다.

"선생님은 사탕수수 나무에서 딴 대추인 줄 알았어."

녀석의 얼굴이 환해지며 하얀 이를 드러내며 소리 없이 웃었다.

"명섭이가 수학 박사이듯이 할아버지께서는 대추나무 박사이신가 보네?"

명섭이가 드디어 나에게 가깝게 다가왔다.

"선생님도 대추를 좋아하세요?"

"그럼. 대추를 얼마나 좋아하는데! 특히 생대추를 제일 좋아해."

"저도 생대추를 제일 좋아해요. 우리 할아버지네 대추를요."

"아하, 명섭이가 할아버지 댁 대추를 많이 먹어서 공부를 잘하구나."

그 말을 듣자 녀석은 입을 야무지게 다물고 어깨와 허리를 펴고 의젓하게 자세도 고쳐 섰다.

"지금까지 먹어 본 대추 중에서 어제 그 대추가 제일 맛있더라. 할아버지께도 감사히 잘 먹었다고 대신 전해 줘."

"네, 선생님."

명섭이는 좋아서 입을 다물지 못했고 배를 앞으로 내밀고 신발을 바닥에 쓱쓱거리며 자리로 들어갔다.

그 후로 겁먹은 표정의 명섭이는 없어졌고 똘망똘망한 녀석이 내 옆에 자주 와서 조잘거렸다. 부모가 싸운 일, 동생이 일기장을 찢은 일, 할아버지 댁에 갈 때 차안에서 있었던 일 등을 묻지 않아도 술술 말했다.

자석 대추가 나와 명섭이 사이를 강하게 끌어 당긴 것이다.

교회 그게 뭐예요

평소에 정서적으로 불안하거나 자신감을 상실한 아이들은 사소한 일에도 큰 피해를 입었다고 생각해서 울거나 하소연을 한다.

친구들끼리 귀엣말을 하고 있으면,

"선생님, 쟤들이 나랑 놀지 말라고 따돌려요."

줄을 서다가 뒤에 서 있는 친구와 몸이 부딪히면

"선생님, 얘가 나를 밀었어요."

라며 운다.

교실에서 친구가 반갑다고 "야!"하고 부르면서 팔을 치면 때렸다고, 비속어 유행가 가사를 흥얼거리고 있는 친구와 눈이 마주치면 욕했다고 괴로워하며 상대방을 처벌해 줄 것을 요구한다.

사소한 하소연도 그냥 지나칠 수는 없어서 주변 아이들에게 물어보고 전체 상황을 유추해 보면 오해로 일어난 일이 대부분이다. 학교 폭력에 해당되는 일이 일어났다면 교육청 지침에 따라 신속하게 해결해 주어야 한다. 하지만 이러한 오해는 피해자라고 생각하는 아이 스스로도 괴로움을 당하고, 주변 친구들은 억울하게 가해자로 지목되어 문제아로 소문나 버릴 수도 있다.

그래서 훈화 시간에 '자신감 있는 사람이 되자'라거나 '친구의 잘못을 너그럽게 용서해 주면 하늘의 축복 창고에 축복을 가득 저축하게 된단다. 축복이 많은 사람일수록 무슨 일이든지 잘 된단다'라는 이야기를 들려 주기도 한다.

하균이는 짓궂은 친구들의 장난에 대범하게 반응하고 용서를 잘 해주는 녀석이다. 물론 다른 사람을 괴롭히거나 먼저 장난을 치지도 않는다.

"하균아, 선생님은 하균이가 너어무 고마워."

"왜요?"

"친구들의 잘못을 너그럽게 잘 용서해 주잖아."

칭찬에 기분이 좋아서인지 녀석은 씨익 웃으면서 부끄러워했다.

"하균이는 교회에 다니니?"

"교회? 그게 뭐예요?"

무슨 뜻인지 모르는 듯 눈을 말똥거리며 나를 쳐다봤다.

종교가 다른 줄 알고 순간 나는 당황하며 다음 질문을 던졌다.

"그럼 성당에 다니니?"

"성당이 뭐지?"

"그럼, 절?"

"절?"

"아하, 하균이는 종교가 없구나."

"종교? 절?"

하균이는 혼잣말로 되뇌이며 중얼거리더니 입을 삐죽 앞으로 내밀며 고개를 갸우뚱거렸다. 한참을 생각하더니 하는 말,

"선생님, 저는 영어 학원밖에 안 다니는데요."

"……"

유아기부터 영어교육에만 집중적으로 내몰린 아이들의 어휘력은 이렇게 가끔 깜짝 놀랄 정도로 빈약한 경우가 많다. 그것을 잠깐 간과한 나의 실수였던 것이다.

나는 경험한 것만 숨김없이 드러내는 순수한 영혼을 지닌 이 아이가 나와의 시간들을 통해 다양한 경험을 이야기할 수 있었으면 좋겠다는 생각을 하면서 하균이의 손을 꼭 잡아주었다.

참외가 뭐예요

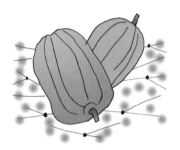

　겨울 방학을 앞둔 수학시간이었다. 교과서에 나와 있는 문제를 풀게 했는데 그 중 한 문제가 '참외, 딸기, 딸기', 이렇게 반복되어 그려진 그림에서 규칙을 찾는 것이었다. 어떤 규칙이 있는지 글로 쓴 후 검사를 받게 하였다.

　그런데 참외 그림을 보고 '참외'라고 바르게 쓴 아이가 10명도 되지 않았다.

　차매, 차메, 참회, 참애 등을 쓴 아이들이 있었는데, 비록 글자는 틀렸지만 그 그림이 참외를 나타낸다는 것을 알고 있는 것이라 글자를 고쳐주고 동그라미를 해 주었다.

　수박이라고 쓴 아이도 있었는데, 참외 꼭지에서 아래 쪽으로 줄이 그어져 있으니 개량종 수박과 비슷하다고 생각했겠구나 싶어서 이해를 했다.

　그런데 예상 밖으로 외국 과일 이름을 쓴 아이가 많았다. 참외 그림을 보고 멜론, 망고, 키위, 자몽, 오렌지 등이라 쓴 아이가 여럿 있었다.

국어 활동책 6단원의 'ㅚ' 발음 공부에서 참외 그림과 글자가 있었고 여러 번 발음 공부를 했기 때문에 당연히 '참외'라고 쓸 줄 알았다.

도저히 이해가 되지 않아서 그렇게 쓴 아이들에게 물었다.

"엄마가 참외를 사 오신 적이 한 번도 없었니?"

"네. 참외가 뭔지 몰라요."

"참외를 먹어 본 적도 없니?"

"뭐든지 껍질을 깎아서 잘게 썰어 주시니까 참외를 본 적이 없어요."

"과일가게에서 본 적도 없니?"

"과일을 사러 가본 적이 한 번도 없어요."

"유치원 때 과일을 보면서 과일 이름을 말하잖니?"

"영어 유치원을 다녀서 참외를 배운 적이 없어요. 우린 오렌지, 멜론, 키위 같은 외국 것만 배웠어요."

아이들의 천진난만하고 당당한 대답을 들으면서 더 이상 묻는 것을 포기했다.

하긴 생활 속에서 한 번이라도 익히고 들었을 낱말 뜻을 몰라서 물어보는 경우가 많은 아이들이니까.

"추석이 뭐예요?"

"자가용이 뭐예요?"

"승용차가 뭐예요?"

"보자기가 뭐예요?"

"논이 뭐예요?"

"벼가 뭐예요?"

"성냥개비가 뭐예요?"

이런 종류의 질문을 워낙 많이 하기 때문에 어떤 내용을 설명하는 중간 중간, 그 설명 중에 나오는 낱말을 설명해 주느라 시간을 보내는 경우가 많다.

하지만 2학년이 다 되어 가는데 '참외'를 모르고 있다니! 참외라는 글자를 가르칠 수 있게 수학책에 그 그림을 그린 분에게 감사한 마음까지 들었다.

살아가면서 필요한 모든 낱말을 교과서에 다 실을 수는 없다. 그래서 생활 속에서 직접 체험하면서 익히거나 이야기책을 읽으면서 익히는 낱말이 아이들의 어휘력을 향상시키는 데 상당히 중요한 역할을 하게 된다.

입시 위주의 교육이 초등학교 1학년 아이들에게까지 영향을 미쳐서 두 세 학년 앞선 영어, 수학, 논술 등의 공부에 많은 시간과 돈을 투자한다. 독서를 통해서, 생활 체험을 통해서 듣고 배울 수 있는 국어 낱말 교육에는 너무 소홀한 것이다.

어휘력의 기초가 이리 부실한데 몇 년 앞서 배우는 선행학습이 무슨 소용이 있을까.

아이들의 날개

　10분간의 쉬는 시간에 여러 아이들이 우르르 나와서 다음과 같이 하소연을 하곤 했다.

　"현준이가 화장실에서 밀었어요."

　"준식이가 복도에서 어깨를 쳤어요."

　"민규가 교실 뒤쪽에서 때렸어요."

　"준성이가 저기서 발로 찼어요."

　"희진이가 제 책상을 밀치고 지나갔어요."

　이러한 하소연들은 실제로 말썽쟁이들이 일으킨 소동 때문이 아니라 과밀학급이라 어쩔 수 없이 생기는 불편함 때문인 경우가 거의 대부분이었다. 그래서 나는 이름이 나온 녀석들을 야단치는 대신 하소연하는 아이들을 이해시키려고 한다. 아이들이 많아 교실이 너무 복잡해서 그렇다고.

　길 건너 가까이 있는 학교는 학급당 인원이 20여 명인데 고층 아파트에 둘러싸인 우리 학교는 1학년부터 6학년까지 모든 학급이 36

명이 넘는다. 어떤 때는 40명이 넘을 때도 있었다.

그러다 보니 쉬는 시간에 복도와 화장실 안에서 아이들끼리 이리 부딪히고 저리 부딪혀서 서로 짜증을 내고 싸움이 되기도 했다. 그래서 화장실에 갈 때 남, 녀 2명씩만 '화장실 출입증'이라고 적혀있는 표를 목에 걸고 가도록 지도하기도 한다.

책걸상으로 가득 찬 교실이라 실내놀이 공간도 따로 없다보니 아이들 모두가 종일 예민한 상태에서 학교생활을 하게 되어 측은하기까지 하다.

아이들의 수가 적은 학교에서 근무할 때는 쉬는 시간에 녀석들이 내게 와서 집에서 있었던 일, 부모님 자랑 등 조잘조잘 이야기를 해도 내가 웃음 띤 얼굴로 그 이야기를 모두 다 들어줄 수가 있었다. 하지만 여기서는 그럴 수가 없어서 안타까웠다. 알림장 검사, 과제 검사하기도 시간이 빠듯하기 때문에 그럴 틈이 생기지 않는다.

어느 국어시간에 '날개가 있다면?'이라는 주제로 발표를 하게 되었다. 아이들은 저마다 즐거운 표정으로 발표를 했다.

"아프리카 친구들을 도와주고 싶습니다."

"하늘 높이 올라가고 싶습니다."

"차를 타지 않고 학원을 다닐 수 있습니다."

현준이 차례가 되자 녀석은,

"너무 답답해서 지금 당장 교실 창문을 빠져 나가서 학교를 탈출하고 싶습니다."

이렇게 고함을 치며 발표를 했다.

아이들이 모두 '까르르' 웃더니 여기저기서 왁자지껄 맞장구를 친다.

"맞아, 맞아. 나도 탈출하고 싶어."

"나도, 나도."

발표를 마치고 발표했던 내용을 그림으로 그리게 했다. 현준이와 다른 내용으로 발표를 했던 많은 아이들이 등에 날개를 달고 교문 위를 날아다니는 현준이의 그림과 비슷하게 그림을 그렸다.

나는 그림을 보며 아이들을 응원했다.

'그래, 그래. 그림으로라도 그 답답함을 확 날려 버리렴.'

선생님도 모르시죠

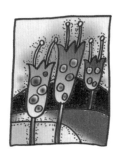

수학 시험지를 채점하고 있는데 혜수가 내 책상 위에 머리를 대고 내 얼굴과 맞닿을 정도로 가까이 올려다 보며 물었다.

"선생님, 이 시험문제 선생님이 내셨죠?"

"아닌데, 왜?"

"9번 문제에 제 동생 이름을 쓰셨잖아요. 제 동생 이름을 다른 반 선생님이 어떻게 알겠어요?"

"어, 으응. 맞아. 그러고 보니 내가 낸 것 맞네. 혜수가 학교생활을 잘해서 혜수 동생 이름을 쓴 거야."

녀석이 환하게 웃었다.

"다음 번에는 누구 동생 이름을 써 주실 거예요?"

"으음. 그건 비밀이야. 또 학교생활을 잘하는 친구가 누군지 잘 살펴봐야지."

그러자 혜수는 생긋 웃고 나서 어깨를 한 번 으쓱하고 자세를 바로하며 들어가면서 큰 소리로 외쳤다.

"얘들아, 우리 선생님이 내 동생 이름을 시험지에 써 주셨다아."

호기심 많은 몇몇 녀석들이,

"어디? 어디?"

하며 앞으로 몰려 나왔다.

채점하고 있던 나를 한참 지켜보던 재엽이가 물었다.

"선생님도 이번 수학 문제가 어려워서 답을 다 모르시죠?"

"아니, 왜에?"

"답안지를 여기 놓고 보면서 채점하시잖아요."

"아, 그건, 음, 답은 아는데 다 외우지 못해서 보는 거지."

녀석은 이해가 되지 않는지 입을 뾰죽하게 내밀고 눈을 크게 뜨고 고개를 옆으로 갸우뚱했다.

아무래도 변명 같은 내 대답을 믿지 못하는 눈치였다.

아이들에게 선생님은 늘 호기심의 대상이다. 그리고 일상적인 행동 하나, 스치듯 던지는 말 한 마디도 아이들에게는 전혀 다르게 해석되는 경우가 많다. 때문에 아이들과의 대화에는 순발력이 필요한 법이다. 아이들의 엉뚱한 질문에도 당황하지 않고 언제나 아이들에게 좋은 영향을 주는 선생님이 되자고 다짐하고 또 다짐해 본다.

꼬마 팬

뒷머리를 긁적이면서 석류씨 같이 작은 이를 드러내며 희주가 부끄럽게 웃을 때는 국어책을 잘 읽지 못했을 때였다.

애교가 많고 늘 웃는 얼굴인 녀석은 글자를 익히지 못한 채 입학을 했다. 국어 시간이나 받아쓰기 시간에는 기가 푹 죽었지만 체육도 잘했고 친구들과도 잘 지냈다. 특히 내 책상 주변을 청소하는 것을 아주 좋아했다.

입학한 지 며칠 되지 않은 어느 쉬는 시간에 희주가 반으로 접은 포스트 잇 쪽지 두 장을 내 손에 살짝 쥐어 주었다.

펼쳐 보니 한 장은 'ㅅㅣㅌㅁㅁ♡', 나머지 한 장은 'ㅅㅅ✓♡♡'라고 연필로 꾹꾹 눌러 써져 있었다. 해석이 되는 것이라곤 하트 모양 뿐이어서 무슨 낱말을 쓰려고 연습해 본 것이겠거니 하고 책상 위에 놓아두었다.

공부 시작종이 울려서 자기 자리에 앉은 희주는 몇 번이나 나를 쳐다보았다. 수학은 재미있어 하니까 더 집중하나 보다 했다.

다음 쉬는 시간에 녀석이 앞으로 나와서 잠시 머뭇대다가 살짝 웃으며 나에게 물었다.

"선생님도 아직 글자 다 몰라요?"

"아니, 왜?"

"그럼 아까 제가 드린 것이 뭔지 알아요?"

"하트가 예쁘게 그려져 있던데 우리 반에서 좋아하는 여자 친구가 있나 봐? 선생님에게 말해 줘."

녀석은 내 귀에 대고 속삭였다.

"선생님, 아까 그건 제가 선생님을 사랑한다는 뜻이에요."

"어머! 그래? 희주야, 고마워엉. 나도 희주 사랑해요."

나도 어리광부리듯 혀 짧은 소리로 웃으며 대답해 주었다.

"저는 예쁜 여자만 보면 사랑할 수밖에 없어요."

희주는 다시 한 번 내 귀에 빠른 말로 속삭여 주고는 종종걸음으로 자리에 들어갔다. 엄마보다 나이가 많은 나를 예쁘게 봐주니 얼마나 고마운 일인가.

아이들 중에는 첫눈에 나에게 반했다며 나와 결혼할 거라고 부모에게 말하는 녀석도 있었고, 20대 대학생 삼촌과 나를 빨리 결혼시키라고 할머니한테 조른 녀석도 있었다.

아이들 눈에 담임 선생님이 제일 예뻐 보이면 그 아이는 1년 동안 학교생활이 즐겁다. 그래서 희주 같은 아이가 많게 하기 위해 저학년을 맡으면 나는 치마를 자주 입고 귀걸이, 목걸이도 하고 눈화장도 살짝 한다. 위로 볼록 솟아 오른 알이 큰 반지는 실수로 아이들을 다치게 할 수도 있어서 되도록 끼지 않는다.

대부분의 아이들은 담임 선생님이 빠글빠글한 작은 웨이브 퍼머 머리 한 것을 그다지 좋아하지 않는다. 그래서 나는 굵은 웨이브 머리든 작은 웨이브 머리든 퍼머를 해 본 기억이 거의 없다.

예전의 남자 아이들은 담임 선생님의 긴 생머리를 굉장히 좋아해서 머리카락을 자르면 아주 싫어했다. 요즈음은 연예인이나 어머니들이 아주 짧은 커트 머리를 많이 해서인지 그 머리가 예쁘다고 하는 남자 아이들도 제법 많아졌다.

그러나 고학년을 맡으면 아이들하고 얼마나 더 소통하느냐가 중요하기 때문에 내 외모 가꾸기는 조금 덜해지고 대신 아이들이 좋아하는 가요, 춤, 연예인, 유행하는 언어 등을 많이 알려고 노력한다.

평소에 바지차림에 맨 얼굴이거나 아주 옅은 화장으로만 출근하다가 치마를 입고 예쁘게 화장을 한 얼굴에 옆 머리에 웨이브를 살짝 넣고 출근을 한 날은 어김없이 녀석들이 묻곤 했다. 특히 남자 녀석들이.

"선생님, 오늘 학부모 상담 있어요?"

"아니, 왜?"

"선생님이 예쁘시니까요."

"그럼, 다른 날은 미웠단 말이니? 치잇."

나는 입을 삐쭉거리며 일부러 유치한 행동을 했다.

"아뇨, 아뇨. 우리 선생님 미인 선생님이라고 애들이 다 그래요. 오늘은 더 예쁘시다는 뜻이에요."

"진짜예요. 우리 엄마도 선생님이 제일 예쁘시다고 했어요."

내가 정말 삐친 줄 알고 녀석들은 진심으로 나를 위로해 주었다.

아이들은 교사의 가르침과 사랑을 먹고 자라지만 교사는 학부모와 아이들의 호응으로 힘을 얻는다.

큐피트의 화살

하소연하는 민주를 나는 마치 수사관처럼 약간 굳은 표정으로 쳐다보았다.

"선생님, 친구들이 저보고 바보라고 했어요."

"누가?"

"미희와 아현이가요."

"언제?"

"수학시간 끝나고 쉬는 시간에요."

"어디서?"

"제 자리로 와서 저한테 그랬어요."

"그래? 민주가 많이 속상했겠구나."

"네."

내가 이렇게 짧게 여러 번 물어 본 이유는 민주가 있지도 않는 내용으로 다른 친구들을 고자질한 게 벌써 세 번째였기 때문이었다.

민주의 말을 확인하기 위해 미희와 아현이를 바로 불러서 물었다. 두 아이는 눈을 둥글게 뜨고 그런 말을 한 적이 없다고 했다. 그러자 민주는 당황해 하며 말을 더듬기 시작했다.

"저, 저, 저에게 얘들이 뭔 말을 하긴 했는데 사실은 무슨 내용인지는 자세히 듣지는 못했어요."

두 아이는 황당하다는 표정으로 목소리를 높여 말했다.

"오늘 민주 근처에 간 적도 없어요."

나는 두 아이를 자리로 돌려보내고 말없이 아이의 눈을 날카롭게 한참 보았다.

녀석이 내 눈을 피하더니 옆 눈으로 나를 힐끗 한 번 보고 나서 고개를 숙이며 들릴 듯 말 듯,

"사실은, 으음, 제가, 음, 그냥 혼자서 그런 생각이 들었던 거예요."

라고 했다.

"민주야. 민주는 정직한 아이인데 왜 이렇게 사실과 다르게 말을 할까?"

"……"

민주는 고개를 더 숙였고 나는 무거운 돌덩이가 가슴을 내리누르는 것 같았다.

민주 어머니는 진실은 모른 채, 민주가 아주 정확하고 똑똑한 아이라고 철석같이 믿고 동네에 딸자랑을 하고 다녔다. 그래서 두 번이나 사실과 다른 내용을 알림장에 적어 보내기도 했었다.

한 번은 '유진이가 놀이터에서 민주를 따돌렸으니 따끔하게 훈육을 바란다'는 내용이었다.

유진이와 민주를 불러 확인해 보았더니 둘은 놀이터에서 만난 적이 없었다.

또 한 번은 '지영이가 우리 반에서 민주를 제일 싫어한다고 영주에게 말했다. 지영이가 민주랑 절대 같이 놀지 말라고 시켰으니 지영이 어머니한테도 이 사실을 알리고 강력하게 지도를 해 달라'는 내

용을 알림장의 반쪽이 넘는 분량으로 적어서 보냈다. 지영이, 민주, 영주 세 명을 불러 확인했더니 이 역시 사실이 아니었다.

그래서 민주에게 물었다.

"민주야, 혹시 민주가 엄마한테 유진이와 지영이 이야기를 그렇게 했니? 왜 두 번이나 사실이 아닌 내용을 적어 보내시지?"

"몰라요. 저는 엄마한테 유진이와 지영이 말을 한 적이 없어요. 엄마 지가 괜히 그렇게 생각해서 나도 모르게 알림장에 적은 거예요."

민주는 빠르고 큰 목소리로 대답했다.

민주 어머니는 그렇게 자랑스러워 하는 딸이 자신을 '지가'라고 표현하는 사실을 알고 있을까? 나는 이 2학년 녀석의 말투에 깜짝 놀랐다. 그리고 민주 어머니가 오해하고 있는 내용도 민주가 지어낸 것이 아닐까 하는 생각이 들 수밖에 없었다.

나는 녀석의 거짓말하는 태도를 바로 잡는 방법은 더욱 더 따뜻하게 녀석을 품어주는 것뿐이라는 판단을 했다. 조급함을 버리고 인내심을 가지고 실천하리라 다짐도 했다.

쉬는 시간에 줄을 서서 복도를 걸을 때나, 하교 길에 아이들과 함께 걸을 때 되도록이면 민주의 손을 자주 잡았다. 손을 잡고 걸으면서 일부러 장난치듯이 흔들기도 했다. 그리고 손을 놓을 때쯤엔 항상,

"선생님은 민주를 사랑해요."

이렇게 속삭여 주었다. 녀석은 건조한 표정이었고 말도 없었다.

어느 날 점심을 먹고 교실로 들어갈 때 잡고 있던 손을 놓으며 또 속삭였더니 녀석이 내 눈을 보며 말했다.

"선생님은 진짜로는 우리를 사랑하지 않으시잖아요. 그런 말 하지 않으셔도 돼요."

나는 다시 손을 꼬옥 잡으면서 눈을 흘기며 삐친 척을 했다.

"엉엉. 선생님은 민주를 정말 사랑하는데 민주가 이런 말을 하니 너무 슬퍼요. 엉엉엉."

내가 아기 같은 목소리로 말하자 녀석이 배시시 옅게 웃었다.

다음 날 민주가 분홍 색종이를 하트 모양으로 크게 접어서 아이들 모르게 살짝 주었다.

"어머, 선생님은 하트 접기 할 줄 모르는데 어쩜 이렇게 예쁘게 접었니?"

나는 호들갑스럽게 감탄하며 그것을 칠판에 자석으로 붙였다.

한 달쯤 지났을 때 민주가 물었다.

"선생님, 왜 저 하트를 계속 칠판에 붙여 놓아요?"

"으응. 선생님이 민주를 정말로 사랑하니까. 민주를 사랑한다고 아이들한테 계속 알리고 있는 거야."

녀석은 그 하트를 한참 동안이나 바라보았다.

큐피트의 화살이 민주에게 꽂혔는지 그 후론 거짓말도 사라졌고 내 곁에도 자주 왔다.

난독증

학교에 난독증 교정 프로그램을 도입할 것이라는 뉴스를 얼마 전에 보았다.

'난독증'이라는 낱말이 귀에 들리자마자 몇 년 전에 시우와 내가 글자 때문에 씨름했던 여러 날들이 떠올랐다.

"시우야, 받아쓰기 할 준비 다 되었니? 오늘은 어제 받아쓰기 했던 것 중에서 불러 줄 테니까 어려우면 어제 썼던 것 보고 써도 돼요."

"네."

녀석은 전화기 너머로 힘없이 대답을 했다. 입학한 지 몇 개월이 지났지만 겨우 자기 이름만 그리듯이 쓸 줄 알고 간단한 글자의 읽기와 쓰기조차 되지 않았다. 방과 후에 남겨서 가르쳐도 주말을 지내고 온 월요일이면 다시 시작해야 했다. 여름 방학이라 별도로 만나서 지도할 수 없어서 매일 오전에 전화로 받아쓰기를 했다.

"자, 1번, 이시우."

"이이 시이 우우, 썼어요."

"2번은 나비."

"나아 비이, 나비 썼어요."

"3번은 다리."

"다아 리이, 썼어요."

"4번은 다람쥐."

"……"

"시우야, 어제 쓴 것 중에 '다'자로 시작하고 글자가 세 개인 것 찾아봐."

"모르겠어요."

"그럼, 아빠께 찾아달라고 해 봐."

그래도 대답이 없고 조용하기만 했다. 자세한 사정은 모르지만 시우 아버지도 글 읽기가 어려운 것 같았다. 받아쓰기는 3번에서 끝 냈고 4번과 5번은 간단한 덧셈과 뺄셈을 했다. 녀석은 3과 6, 8, 9를 구분해서 쓰는 것을 매우 어려워했으면서도 덧셈과 뺄셈의 답은 곧 잘 구했기 때문이었다. 여름 방학 내내 전화로 공부했던 글자 공부 의 효과는 그리 크지는 않았다.

2학기가 되어 아이들에게 간단한 한자(漢字)를 가르쳤다. 글자의 모양에서 그 의미를 찾을 수 있기 때문인지 시우는 한자의 음을 불 러 주면 비록 획순은 틀리더라도 한글보다 훨씬 정확하게 잘 썼다.

2학기에도 오후에 남겨서 국어책 속의 짧은 동화를 읽히거나, 주 말과 겨울 방학 동안에는 전화로 한글 쓰기와 수학 계산하기를 했 다. 그런 노력의 효과라고는 반복해서 읽어 봤던 국어책 일부 내용 만 떠듬떠듬 읽을 수 있을 정도에서 그쳤다.

시우는 한글 읽기와 쓰기를 어려워했지만 창의적인 내용으로 발 표를 잘했고 자신의 생각이나 의견을 논리적으로 다른 사람에게 잘 설명하는 아이였다. 집에서 쉬운 내용의 동화책을 큰 소리로 읽기를 여러 번 반복하도록 시우 어머니에게 지도를 부탁드렸지만 처음 보는 내용의 글은 읽어내지 못하는 채로 2학년이 되었다. 나의 능력 부족으로 시우를 한글 미해득자로, 국어 부진아로 올려 보낸 것이다.

그 녀석에게도, 2학년 담임선생님에게도 미안함이 가득했다.

난독증은 두뇌가 나쁜 것도 아니고 시력이나 청력에도 아무런 문제가 없는데도 읽기, 쓰기, 문장 사용 등에서 어려움을 겪는 학습 장애 현상이다. 글을 이해하려면 단어나 글자를 소리로 바꾸고 나서 그 의미를 이해하게 되는데, 시우 같은 아이는 글자를 소리로 바꾸는 과정에서 어려워 했기 때문에 간단한 단어를 읽는 것에도 막막함을 느끼는 것이다.

1학년이 지나도록 앞뒤를 바꾸어서 낱말을 읽거나 글자를 빠뜨리고 읽는 것, 그리고 다른 글자로 대체해서 읽는다든지, 아주 느리게 읽으면 난독증을 의심해 봄직하다. 일단 병원에 가서 정확한 진단을 받은 뒤 처방 대로 치료를 하는 것이 우선이다. 가정에서 할 수 있는 일은 간단한 글부터 큰 소리로 읽는 것을 반복하는 것이 중요하다.

물론 성급한 결과를 기대해서는 안 되고 인내심을 가지고 아이가 글자 읽기에 흥미와 자신감을 가질 때까지 기다려주어야 한다. 물론 아이에 대한 주변의 관심과 사랑은 필수 요소이다.

뒤늦은 감이 있지만 난독증 어린이에 대한 교육부와 사회의 관심이 무척 반갑고 그 프로그램이 빨리 도입되었으면 좋겠다.

코스모스

지난 가을의 일이다.

마포구 아현동의 산성교회 옆 넓은 공공부지에 코스모스가 바람에 하늘거리며 장관을 이루더니 아침저녁으로 찬바람이 불기 시작하자 꽃잎이 떨어지고 그 자리에 거뭇거뭇 씨앗을 맺기 시작했다.

마포구청에서 봄에 해당화, 채송화 등의 씨앗을 뿌렸는데 사람들의 기대를 저버리고 싹이 거의 나지 않았다. 자갈이 많이 섞인 땅이었기 때문이다. 그래서 여름에 포크레인을 동원하여 자갈을 걷어내고 코스모스 씨앗을 다시 뿌렸던 것이다.

얼마 뒤, 마치 몽골 초원처럼 진녹색 동산이 되더니 연분홍, 빨강, 감색, 연보라, 흰색 등이 어우러져 멋진 가을 풍경을 만들어냈다.

지나가던 사람들은 나이에 상관없이 발걸음을 멈추고 사진을 찍으며 행복한 표정을 지었다.

처음 싹이 났을 때는 어린 코스모스의 키가 고만고만했다. 코스모스가 만발한 어느 날, 교회 2층 카페에서 전체를 내려다 본 장면은 길 옆에서 보던 것과 많은 차이가 났다.

싹이 난 땅의 구성에 따라 뚜렷하게 차이가 나 보였는데 자갈을 걷어내고 흙으로만 된 곳의 코스모스는 성긴 곳 없이 빽빽하면서도 키가 컸다.

그런데 자갈을 미처 다 치우지 못한 곳은 코스모스도 듬성듬성 난 데다 키가 매우 작고 아직 꽃을 피우지 못한 것이 많은 편이었다. 하지만 어려운 환경을 헤치고 나온 강한 생명력이 대견하기도 하고 작으면 작은 대로 씩씩하게 자라고 있는 코스모스가 고맙기도 했다.

'자갈밭의 녀석들이 과연 모두 꽃을 피울까? 까만 씨앗을 잘 맺을까?'

나는 은근히 걱정이 되기 시작했다.

먼저 핀 꽃들이 씨앗을 맺으려고 군데군데 지기 시작하여 전체 풍경이 조금 스산해졌을 무렵, 걱정과는 달리 자갈돌 속의 꼬맹이들도 여리디 여린 작은 꽃잎으로 소박한 아름다움을 뽐냈다. 그리고 최선을 다해 씨앗도 맺어 가고 있었다.

이런 변화를 보면서 부모의 학력, 직업, 경제력 등에 따른 교육 방법에 대해 생각해 보았다.

자갈을 치우지 않고 그 위에 씨를 뿌렸을 때는 어디든 싹이 잘 나지 않았다. 그런데 단지 자갈만 치웠을 뿐인데 씨앗들은 여기저기에 골고루 싹을 틔워 가슴이 탁 트이는 푸른 초원을 만들었다. 시간 차이는 있었지만 모두가 예쁜 꽃을 활짝 피웠기에 오랫동안 사람들에게 행복감을 느끼게 해 주었다.

부모의 학력에 의한 소득 격차나 경제력의 차이가 자식에게 대물림 될 것이라는 불안감 때문에 사교육 시장이 급성장하고 '이제는 개천에서 용이 나지 않는다'라는 말도 사실인 양 떠돌고 있다.

아이들은 학교 수업이 끝난 후에 암기식 공부와 문제 풀이식 공부에 매달리고 이 학원, 저 학원을 바삐 오가느라 휴식이나 놀이 시간, 저녁 먹을 시간도 없다고 아우성이다. 과잉보호로 인해 자신의 일을 선택하거나 결정하는 능력이 떨어지고 사회성이 부족한 아이들도 많다.

남들 따라서 쉴 틈 없이 공부에만 내몰리는 것은 이 아이들에게 커다란 돌덩이가 어린 싹을 누르고 있는 것 같은 큰 장애물일 것이다.

또한 경제적으로 어려움이 크거나 저녁 늦게까지 방치되는 '나홀로' 아이들은 다양한 체험의 기회를 가지지 못한 채 컴퓨터 게임 중독이나 성(性)과 관련된 이상한 내용의 동영상 등에 많이 노출되고 있다.

이 아이들에게는 자신이 재미있어 하고 자신 있어 하는 것이 무엇인지 누구 하나 관심 가져주는 사람이 없는 상황이 울퉁불퉁 큰 돌덩이밭 같은 장애물일 것이다.

전교 1등을 강요한 엄마를 야구 방망이로 살해한 서울의 모 고등학교 학생, 컴퓨터 게임에 중독된 청년이 현실과 사이버 세상을 구분하지 못해서 새벽에 골목길을 뛰쳐나와 흉기로 '묻지마 살인'을 저지른 일 등은 큰 충격을 주었다. 이 외에도 꽃도 피우지 못한 채, 열매도 맺기 전에 남에게 회복할 수 없는 큰 상처만 남기고 스러지는 자녀들이 있다.

이러한 사건들은 부모나 가족의 무관심, 억압, 과잉보호 등이 원인이 될 수도 있다.

흙 속의 자갈을 치워 코스모스 싹이 잘 자랄 수 있도록 해 준 것처럼 아이의 성장과정에 장애가 되는 것이 무엇인지 살펴보아 그것을 되도록 빨리 치워주는 것이 부모가 할 일이다.

메마른 땅에서 싹을 틔우고 꽃을 피워 건강한 열매를 맺고 있는 코스모스에게 많은 사람들이 미소를 지어주고 잘 여물기를 기원했다. 우리 아이들도 건강하고 바르게 자라도록 어른들 모두가 관심을 가져주는 사회 분위기가 꼭 필요하다.

부모의 사랑과 기도로 바르게 자란 아이는 어디서 무엇을 하든, 많은 사람들에게 행복 바이러스를 퍼뜨리고 누구나 좋아하는 사람으로 자랄 것이다.

좋은 이름

부모들이 아기들의 이름을 지을 때 '승민'으로 짓는 것이 유행이라는 뉴스를 본 적이 있다. 2014년 수능시험에서 만점을 받은 사람 가운데 '이승민'이라는 이름이 셋이나 있어서 한 동안 화제가 되었기 때문이었다.

나는 '민'이라는 글자를 보고 '만점을 받은 그 학생들도 어릴 때 장난 꾸러기였을까?'하는 궁금증이 생겼다.

어느 해에 '민규'라는 아이가 내 반이 되었는데 모든 선생님들은 웃으면서 나를 위로해 주었다. 1년간 힘들겠다고.

1학년 때부터 4학년 때까지 얼마나 장난이 심했던지 대부분의 선생님들이 '민규'라고 하면 혀를 내둘렀다. 동생들이나 친구들을 때리고 다니고 쉬는 시간에 사라져서 공부 시간이 되어도 교실에 들어오지 않는 등 말썽을 많이 피워서 전교 선생님들이 다 알 정도였다.

그런데 어찌된 셈인지 내 앞에서만은 말썽을 부리지 않았다. 쉬는 시간에는 시키지 않아도 칠판을 닦아주고 내 책상 주변도 정리해

주는 등 내 옆에 자주 왔다.

그렇다고 아주 점잖아 진 것은 아니었다. 교실 밖에만 나가면 말썽을 부렸다. 쉬는 시간에 복도나 계단에서 '씽씽' 달리다가 다른 아이들과 부딪히는 것은 하루에도 몇 번이나 되었다. 친구들을 이유 없이 때리고, 하교시간 후에는 인라인스케이트나 외발자전거를 타고 복도를 돌아다니는 등 종잡을 수가 없는 아이였다.

어느 날, 아이들이 집으로 돌아갈 시간에 어떤 아이가 황급히 나를 찾았다. 따라 가보니 부장 선생님은 화가 난 얼굴이었고 민규는 두 주먹을 쥐고 빤히 위를 쳐다보면서 씩씩대고 있었다.

다른 반 아이를 발로 차다가 걸려서 부장 선생님께 야단을 맞았는데 욕설을 하며,

"이 마귀 할망구야!"

하고 대들었다는 것이다.

고개를 숙이고 잘못을 빌라고 해도 듣지 않고 녀석은 고개를 꼿꼿이 든 채 부장 선생님을 노려보고 있었다. 교실로 데려 오려고 아이의 어깨를 잡아 당겼는데 녀석이 내 손을 뿌리치다가 자신의 코를 잘못 쳤는지 갑자기 코피를 펑펑 쏟았다.

코피가 복도 벽 여기저기에 뿌려지듯 묻었고 바닥에도 뚝뚝뚝 떨어졌다. 그래도 녀석은 어깨에 힘을 주고 바닥을 쳐다 보며 주먹을 쥔 채 더 씩씩거렸다.

코피 때문에 기도가 막힐 수 있으므로 고개를 뒤로 젖히지 못하게 하고 휴지를 대고 한참 있으니 코피가 멎었다. 코피가 멎자 녀석이 큰 소리로 울기 시작했다. 벽과 바닥의 피를 보고 많이 놀란 것 같았다.

그렇지만 나는 눈에 힘을 주고 단호하게 말했다.

"울음 그치면 수돗가에 가서 씻고 나서 벽과 복도에 있는 피를 네가 깨끗이 다 닦고 나서 교실로 들어 와."

위로해줄 줄 알았는데 눈썹도 까딱하지 않고 말하는 내가 무서 웠던지 바로 울음을 그치고 수돗가로 향했다.

녀석이 교실에 들어오자 사과 편지부터 쓰고 부장 선생님께 공 손하게 사과드리고 오라고 했다. 그런데 녀석은 싫다고 입을 불퉁하 게 내밀었다.

"아빠 집에 계시니?"

아빠를 두려워하는 민규는 이 한마디에 벌벌 떨었다. 재빠른 동 작으로 쓴 사과 편지를 들고 가서 잘못을 빌고 온 후, 아빠에게만은 알리지 말아달라고 나에게 싹싹 빌었다.

그 부장 선생님은 1학기 말에 갑자기 명예퇴직을 했다. 혹시나 민 규에게 받은 상처 때문에 그런 결정을 하셨나 싶어 오랫동안 내 마 음이 불편했다.

나는 그 후로 한동안 '민'자 이름이 들어간 남자 아이를 보면 '어느 정도로 장난을 칠까?'하고 미리 점쳐 보는 습관이 생겼다. 이 상하게도 몇 년간은 내 반 아이든, 다른 반 아이든 '민'자가 들어간 아이가 말썽을 부리는 경우가 더 눈에 띄었다. 그래서 다음에 손주 를 보게 되면 '민'자는 절대 넣지 못하게 할 것이라고 마음 먹기까 지 했다.

그런데 그 '민'자가 들어간 이름의 학생들이 셋이나 수능에서 만 점을 받았다고 하니 이름에 대한 나의 잘못된 선입견을 당장 없애야 했다.

이름에 관한 평은 선생님의 경험에 따라 다르다.

한글 이름으로 된 아이는 성격이 유순하다는 사람도 있고 아니 더라는 사람도 있다. '지혜'라는 이름을 가진 아이가 공부를 잘하더 라는 사람도 있고 '우'자 이름을 가진 아이는 과격 행동을 많이 한다 는 이도 있다.

'승민'이나 '민규'나 이름을 지을 때에는 창창한 앞날을 기대하며 지었을 테지만 양육자의 태도, 가정환경, 가족의 분위기 등에 따라 다른 사람이 된다.

정성을 들여서 이름을 지었든, 유행을 따라서 지었든 빛나는 이름을 만드는 것은 좋은 가정 교육과 학교 교육일 것이다.

이름이 문제가 아니라 부모가 아이를 어떻게 교육시켰는가에 따라 사랑 받고 빛나는 사람이 되기도 하고 손가락질 받는 사람이 되기도 한다.

부엉이 셈하듯

저학년 아이들의 시간 개념을 보면 '부엉이 셈하듯 한다'라는 속담이 생각난다. 부엉이가 수를 셀 때는 짝으로 세기 때문에 알이 한 개 없어지면 알아도, 짝으로 없어지면 모른다 하여 생긴 말이다.

초등학교는 한 시간의 공부 시간이 40분간이고 쉬는 시간은 10분간이다.

60분 단위가 아니어서 그런지, 아니면 녀석들이 시계를 볼 줄 몰라서 그런지, 공부 시간과 쉬는 시간을 잘 구분하지 못 한다. 그래서 수시로 화장실에 가겠다고 하는 녀석들이 많아 칠판에 화장실 가는 시간을 적어 놓았다.

하지만 쉬는 시간 벨이 울려도 녀석들은 가만히 앉아 있다가,

"화장실 다녀오세요."

이렇게 외쳐야 화장실을 가는 경우도 많다.

수능 시험 날에 시험장이 된 중학교가 옆에 있으면 그날은 시간 알림 벨을 울리지 않는다. 중학교에서 수능 시험을 보고 있는 수험

생들에게 방해가 될 수 있기 때문이다.

벨이 울리지 않으니 녀석들은 언제가 공부 시간이고 언제가 쉬는 시간인지 구분을 잘 하지 못 한다. 그래서 쉬는 시간이 되면 내가 큰 소리로 외쳐야만 한다.

"화장실 다녀오세요."

아이들이 어리둥절해 했다. 계속 공부 시간인 줄 안 것이다.

"선생님, 오늘은 왜 공부시간에 화장실에 가라고 해요?"

"지금이 쉬는 시간인데?"

"아직 쉬는 시간 종이 울리지 않았잖아요."

아침에 벨이 울리지 않는 이유를 설명했는데도 잊은 듯했다.

어느 날 넷째 시간에 우리 학교 교육과정에 대한 학생 설문 조사를 해야 했다. 책을 꺼내서 공부를 하지 않으면 아이들은 공부를 안한 것이라고 생각하므로 '슬기로운 생활' 책을 꺼내서 15분 정도만 공부를 하고 책상 속에 책을 넣게 했다. 그러자 여러 녀석들이 가방을 둘러메고 집에 갈 준비를 했다.

"얘들아, 아직 집에 갈 시간이 아니에요. 자리에 앉으세요."

"오늘 시간표대로 다 배웠잖아요?"

내가 교실 벽에 걸려 있는 시계를 손으로 가리켰지만 여러 녀석들은 이해가 되지 않는 표정이었다.

다음과 같은 시간표 대로 세 종류의 교과서만 꺼내서 공부하는 날이면 아이들은 폴짝폴짝 뛰며 즐겁게 소리를 지른다.

1교시	2교시	3교시	4교시	5교시
수학	수학	슬기로운 생활	국어	국어

"야아! 오늘은 세 시간만 공부하고 집에 간다."

"야아, 진짜 공부 조금밖에 안 했다."

간혹 어떤 녀석들은 두 시간이나 공부를 안 했다고 불만인 경우도 있다. 그럴 때면 내가 얼른 빠른 속도로,

"즐거운 생활 책 꺼내세요."

"52쪽 그림을 본 사람은 책상 속에 다시 넣으세요."

"창의적 체험활동 워크북 꺼내세요."

"37쪽에 동그라미 한 개만 그리고 책상 속에 예쁘게 넣으세요."

나는 두 시간의 수업을 3분 만에 끝냈고 아이들은 더 좋아했다. 두 시간이 후딱 지나갔다고.

만약 첫째 시간에 네 종류의 교과서를 꺼냈다, 넣었다, 꺼냈다, 넣었다 하면 첫째 시간부터 넷째 시간까지의 시간이 40분 만에 다 지나간 걸로 생각하고 녀석들은 집에 갈 시간이 된 줄 알 것이다.

미네르바(Minerva) 여신에게 지혜를 주었다는 부엉이가 생각의 유연성을 가진 것처럼 시간의 길이가 자유로운 아이들만의 시간 셈 덕분에 내 생각도 부드러워진다.

입학 전에 한글을
모두 읽고 쓸 수 있어야 하나요?

아이가 글을 가르쳐 달라고 하면 가르쳐 주십시오. 그러나 아이가 원하지 않으면 억지로 문자 지도하지 말기를 권장합니다. 글자를 읽고 쓰는 능력보다 더 중요한 것은 바른 자세로 집중하여 듣는 태도입니다. 한글을 익히지 않고 입학했어도 늦어도 1학기 말에는 글을 읽고 쓸 수 있습니다. 글자를 빨리 깨치면 그만큼 책을 많이 읽게 되니 학교생활에서 자신감이 생기고 수업시간에 이해력이 높아지는 장점은 있습니다.

출생에서부터 2세 정도까지 부모가 끊임없이 말을 걸거나 동화책을 자주 읽어주는 것이 어린아이의 언어능력이나 어휘력에 긍정적이라는 연구 결과가 있습니다. 입학 전의 한글 공부에 대한 내용을 표로 간략하게 나타내면 옆 페이지와 같습니다.

영역	권장 내용	잘못된 습관
듣기	◇ 말하는 사람을 쳐다보며 집중해서 듣기	◇손장난을 치거나 떠드느라 듣지 않고 되묻는 습관
말하기	◇유아어 사용하지 않기 "선생님, 화장실 다녀오겠습니다."	◇"선생님, 쉬 하고 올게요." ◇"선생님, 응아 마려워요."
읽기	◇받침이 없는 낱말부터 읽는 연습하기 ◇애국가와 교가 가사 읽기 ◇등교와 하교의 뜻 구별하기	◇연음법칙 없이 낱자 한 자 한 자씩 끊어서 읽는 습관
쓰기	◇연필 바로 잡기 ◇왼손(오른손)으로 공책을 고정시키고 쓰기 ◇짙은 심 연필(4B나 B)과 짙게 나오는 색연필 사용하기 ◇학교 이름, 반, 번, 자기 이름, 부모님 이름 쓰기	◇고개를 너무 숙이고 글씨를 쓰는 잘못된 자세 ◇등이 비스듬히 옆으로 휘어져서 쓰는 잘못된 자세 ◇옅은 심 연필이나 잘 미끄러지는 색연필을 사용하는 것 ◇모음 쓰기에서 너무 꺾어서 쓰는 글자 모양 ◇획순에 맞지 않게 쓰는 습관

입학 전에 숫자는
어디까지 알고 있어야 하나요?

입학 전의 수학 공부는 누리 과정의 자연탐구 영역에 해당되며 수와 연산의 기초개념 알아보기, 공간과 도형의 기초적인 개념 알아보기, 기초적인 측정하기, 규칙성 알아보기, 기초적인 자료 수집과 결과 나타내기 등으로 나누어 볼 수 있습니다.

그러므로 10까지의 수 개념을 익히고 숫자 쓰기, 첫째에서 열째까지 순서 대로 셀 수 있으면 됩니다.

그 내용을 표로 간략하게 나타내면 옆 페이지와 같습니다.

영역	권장 내용	지도 방법
수와 연산	◇수나 연산의 개념을 익히는 것이 중요함	◇물건을 직접 만져보고 관찰하면서 세어보기(하나, 둘, 셋, 넷, 다섯, 여섯, 일곱, 여덟, 아홉, 열) ◇10개의 물건을 차례대로 늘어놓고 순서 정하기 ◇0에서 10까지 바른 획순으로 쓰기 ◇빨대를 고무줄로 10개씩 묶어보기 ◇덧셈의 개념 익히기: 더한다, 많아진다, 버스에 사람이 더 탄다, 더 찾아온다, 합친다, 더 큰 수 등 (1+1=2의 답을 쓰는 것보다 1보다 1큰 수가 2라는 뜻, 1에다 한 개를 더 합치면 둘이라는 것 등을 이해하는 것이 중요함). ◇뺄셈의 개념 익히기: 뺀다, 없어진다, 사라진다, 탔다가 내린다, 있다가 간다, 차이, 더 작은 수 등(3-2=1의 답을 쓰는 것보다 사과가 3개 있었는데 2개를 먹었더니 1개 남았다. 3과 2의 차이는 1이라는 것 등을 이해하는 것이 중요함). ◇덧셈의 답은 "합", 뺄셈의 답은 "차"라는 용어를 사용한다는 것을 이해하기(합을 구하시오. 차는 얼마입니까?).
도형	◇각 도형의 개념을 이해하기 위해 직접 만져보기	◇동그라미 모양, 네모 모양, 세모 모양으로 된 물건을 생활에서 찾고 만져보고 나서 특징과 차이점 찾아보기 ◇동그라미 모양과 공모양 구별하기 ◇네모 모양과 상자 모양 구별하기
측정	◇공부시간과 쉬는 시간을 스스로 파악하기 ◇번호의 개념 익히기	◇큰 바늘과 작은 바늘이 있는 시계의 시각 익히기 (1,2,3교시, 급식 시간, 4교시가 끝났을 때 바늘의 위치를 알기) ◇'출석 번호'와 '키 번호'대로 줄 서는 것의 뜻 구별하기 ◇분단, 모둠 뜻 익히기
규칙성	◇일정한 규칙(패턴)이 있는 놀이하기	◇바둑알 또는 색종이로 규칙성 있게 늘어놓기 ◇주변에서 규칙성 있는 무늬 찾기 놀이하기

② 교시

달콤쌉싸름한
나의 친구

내 친구는 알다가도 모르겠어요.
학교에 가서 얼굴만 봐도 웃음이 나다가도,
어떨 때는 미워 죽겠거든요.
그 친구는 나의 전부인데
그 애는 저를 그렇게 생각하지 않는 것 같기도 해요.
그래도 어쩌겠어요? 저는 친구가 참 좋아요!

진실로 진실로 말하는데요

거의 창백하리만큼 하얗고 건조한 피부를 가진 영규는 웃을 때 작고 가지런한 이가 드러나며 볼우물을 살짝 짓는 귀여운 아이였다.

체육시간에는 행동이 굼떠서 아이들에게 무시를 당하거나 핀잔을 듣기 일쑤였다. 피구를 할 때는 엉뚱한 방향으로 공을 던지고 발야구나 축구를 할 때는 헛발질을 잘했고 달리기를 할 때는 팔자걸음으로 걷다시피 뛰었다. 그래서 아무도 영규를 팀에 넣고 싶어 하지 않았다.

심부름을 가고 싶어서 안달인 여느 아이들과는 달리 교무실이나 다른 교실로 심부름을 보내려고 하면 '어디 있는지 몰라서 못 간다'는 말부터 하면서 자신 없어 했다.

책상 위와 자리 주변에는 온갖 물건이 종일 널부러져 있었다. 잘 씻지 않아서 머리에서는 땀 냄새가 진동을 했고 바지에서는 언제나 오줌을 지린 냄새가 역하게 났다. 그래서 아이들은 영규와 짝이 되거나 같은 분단이 되는 것을 싫어했고 급식시간에 영규 옆에서 밥을 먹는 것을 노골적으로 기피했다.

다행인 것은 3학년 때까지의 수학 내용 중에서 계산 문제들은 제법 잘할 줄 안다는 것과 말끝을 흐리고 너무 빠르게 말을 하기 때문에 무슨 내용인지 잘 알아들을 수는 없었지만 발표하는 것을 좋아한다는 것이었다.

언제나 말을 시작할 때 '진실로, 진실로 말하는데요'라고 했는데 아무리 그 말을 좀 쓰지 말고 말해 보라고 해도 고쳐지지 않았다.

"선생님, 진실로, 진실로 말하는데요. 저 오늘 진짜로 진짜로 일찍 가야 돼요. 그래서 나머지 공부를 할 수 없어요."

며칠 동안 숙제를 해 오지 않는 영규에게 수업 후에 집에 가지 말고 안 해 온 숙제를 하고 가라고 했더니 나온 말이었다.

"왜?"

"캠프를 가거든요."

"어디를 가는데?"

"남이섬에요."

"누구랑 가는데?"

"주성이 아시죠? 선생님 작년 반 애 있잖아요. 주성이 가족이 가는 캠프에 저도 끼어서 가거든요. 우리 부모님이 신청한 게 아니라서 우리 부모님은 안 가시구요."

"몇 시까지 가야 되는데?"

"3시 30분에 출발이라니까 수업 끝나자마자 집에 책가방 갖다 놓고 주성이네로 바로 가야 돼요."

"그래? 주성이 부모님께 확인 전화를 해 봐야겠군."

순간 녀석의 얼굴이 빨개지면서 더듬거리며 말했다.

"저, 저, 저, 선, 선생님. 진실, 진짜, 진실로, 진실로 말하는데요. 거짓말이에요."

"그럼, 남아서 어제 숙제 하고 가면 되겠네?"

영규는 모든 걸 체념하고 힘없이 "네"하고 대답했다.

거짓말을 아주 구체적으로, 눈빛 하나 변하지 않고 잘하는 영규였다. 그전에는 주로 부모와 관련된 거짓말을 하다가 통하지 않으니까 이젠 다른 가족을 끌어들여 본 것이다.

공부시간에도 집중을 안 하고 숙제도 안 해오니 공부를 잘할 리가 없었다. 그래서 수업 후에 별도로 국어와 수학, 영어 과목을 보충 담당 선생님에게 지도를 받아야 했는데 계속 빠진다는 연락을 받았다. 가족과 함께 제주도 여행을 가기로 했고 4시 비행기표를 사 놓았기 때문에 빨리 집에 가야 된다는 등의 이유를 대면서 보충 수업을 빠진다는 거였다.

나는 아주 조심스럽게 영규 아버지한테 전화로 확인을 했다.

"제주도 여행요? 뭔 가족여행이요? 이놈의 새끼, 또 거짓말을 했구먼."

라며 영규에게 소리를 치고는 영규를 바꿔 주었다.

녀석은 벌벌 떠는 목소리로,

"서언새앵니임."

하고는 더 이상 말을 못했다.

한 번은 다른 나라 출신인 엄마가 강의를 하고 있는 주민센터 옆 건물 2층에서 매주 화, 목요일마다 어른들과 함께 외국어를 배운다고 했다. 그래서 집에 빨리 가야 된다는 이유를 댔다가 아빠와의 통화에서 모두 거짓말로 드러난 적도 있었다.

말 앞머리에 '진실로, 진실로 말하는데요'로 시작하는 것은 거의 대부분 거짓말이었다.

그러던 어느 날, 영규가 땀까지 뻐질뻐질 흘리며 말을 더듬으면서 나에게 다급하게 도움을 요청했다.

친구들에게 뽐낼 양으로, 매주 토요일마다 예전에 살던 동네에 가서 축구를 배우고 있는데, 얼마 전에는 축구대회에도 참가했다는 거짓말이 사단이었다. 그 말을 들은 아이들은 영규에게 출전했을 때 입었던 축구복을 입고 와 보라고 했다. 엉겁결에 입고 온다고 큰소리를 쳤는데 어떤 녀석이 갑자기 내기를 걸겠다고 했다.

"뭐? 네가 축구대회에 나갔다고? 네가 진짜로 축구복을 학교에 입고 오면 내가 천만 원을 걸겠다. 만약 못 입고 오면 네가 천만 원을 줘야한다."

이 말을 듣고 주변에 있던 5명의 친구들도 모두 천만 원씩을 걸었다는 것이다.

거짓말의 대가가 얼마나 혹독했는지, 녀석은 눈물까지 글썽거리며,

"6천만 원도 없고 축구복도 없는데 어떡하면 좋아요?"

라며 울먹였다.

몇 가지 조건을 걸며 내가 해결해 주겠다고 했다. 앞으로 말할 때 '진실로 말하는데요'라는 말을 쓰지 않기, 정직하게 말하기, 앞으로 한 번이라도 거짓말을 할 경우에는 자신에게 축구복이 없다는 것을 모든 친구들에게 사실 대로 말하기 등의 약속을 단단히 했다.

나는 아이들을 모두 자리에 앉히고 일부러 준엄한 얼굴을 하고 굵은 목소리로 말했다.

"어떤 녀석들이 학교에서 돈내기를 했니? 뭐어? 천만 원? 으응? 돈 천만 원이 그렇게 하찮게 보이니?"

순간 쥐 죽은 듯이 교실은 조용해졌고 내기를 걸었던 녀석들은 고개를 푹 숙였다. 나는 터져 나오려는 웃음을 참으면서 목소리를 굵게 하고 빠른 속도로 겨우겨우 말을 이어갔다.

"어느 녀석이 영규 보고 축구복을 입고 와 보라고 했니? 응? 그것도 돈내기까지 하면서! 응? 앞으로 만약 영규가 축구복을 입고 온다면 돈내기했다는 것을 부모님들께도 다 알리고 교장 선생님께도 보고를 할 거다. 특히 영규, 너는 만약 축구복을 입고 온다면 친구들 돈 6천만 원이 탐난다는 뜻이니까 더 혼난다는 것, 잊

지 마. 알았어?"

내기를 걸었던 녀석들은 부모한테 알린다는 말에 겁이 나서 고개를 더 숙였고 영규는 기어들어가는 소리로 "네"하고 대답했다.

이렇게 축구복 사건이 해결된 후, 영규는 보충공부 교실에 성실하게 참여했고 숙제도 제대로 해 왔다. 습관이 되어버린 '진실로, 진실로 말하는데요'라며 얼버무리며 말을 시작하려다가 말 없이 매섭게 쳐다보는 내 눈과 마주치면 빙그레 웃으며 첫 말부터 다시 또박또박하게 말했다. 물론 거짓말은 한 번도 하지 않았다.

영리한 영규는 이내 학습력이 눈에 띄게 좋아졌는데, 특히 수학은 20점, 30점대에 머물던 것이 80점대로 올라왔다. 여러 선생님들의 칭찬을 받게 하려고 일부러 영규를 데리고 다니면서 학년 선생님들께 일일이 소개 겸 자랑을 했다.

그리고 영규보다 학습능력이 떨어지는 친구들에게 수학을 가르치게 했다. 그 아이들은 영규가 설명을 쉽게 해 줘서 수학이 재미있고 쉽다고 좋아했다.

"영규야, 네가 수학 보조 선생님이 되었는데 몸에서 냄새가 나면 되겠니? 머리와 다리 사이는 매일 씻기다. 알겠지?"

그 뒤로 영규는 아침에 등교하면 머리 냄새를 맡아 보라고 자신 있게 머리를 내게 내밀었고 집에 갈 때는 바지에 냄새가 나는지 꼭 물어 봤다. 나는 직접 냄새를 맡아보고 '냄새가 난다, 약간 난다, 안 난다' 등 솔직하게 말해 주었다.

여러 선생님들에게 '공부 잘하는 아이'로 얼굴이 알려지고 친구들에게 수학을 가르쳐 보더니 녀석에게 조금 거들먹거리는 태도가 생기기는 했다. 아이들은 영규가 까다롭게 군다고 하소연을 할 때도 있었지만 나는 더욱 더 영규를 치켜 올려 주었다.

2학기가 되어 수학문제 해결력 대회에서 드디어 영규가 상을 탔다. 상장을 줄 때,

"정영규!"

라고 부르자 녀석은 아주 떨리는 목소리로 대답을 하면서 나왔고 상장을 받는 두 손을 덜덜 떨었다. 아이들도 모두 짧은 탄성을 지르며 부러워했다.

점심시간에 영규가 내게 와서,

"선생님, 선생님. 5, 6교시가 빨리 지나 갔으면 좋겠어요."

라며 어리광 섞인 목소리로 말했다.

"왜? 또 주성이네랑 어디 간다고 말하려고?"

나는 웃으며 놀렸다.

"아니, 아니요. 빨리 외할머니께 보여 드리고 싶어요. 우리 엄마를 보러 우리 나라에 오셨거든요."

"그래? 야아! 상장 보시면 얼마나 좋아하실까?"

"외할머니도 그 나라에서 학교 선생님이셨대요. 할머니는 언제나 제가 최고래요."

"맞아. 선생님도 영규가 최고야."

녀석의 얼굴이 더 환해졌다.

다음 날, 영규 알림장에 영규 어머니의 짧은 편지 글이 적혀 있었다.

고마우신 선생님!

따뜻하신 선생님들이 많이 계신 한국은 참 좋은 나라예요.

상장을 보시더니 친정 엄마는 제 걱정이 덜 된다고 하십니다.

감사합니다.

영규 엄마 드림

뚱보 미나

　짧은 단발머리를 한 미나는 피부가 뽀얗고 눈이 작으며 얼굴이 동그랗다. 아기 때 사진을 보면 눈이 작지 않았는데 자라면서 찐 볼살 때문에 원래보다 눈이 작아 보이는 듯했다. 목소리는 맑으면서도 큰 편이고 말을 할 때에는 혀 짧은 소리를 내서 더 귀엽게 느껴졌다. 포동포동하고 뽀얀 손은 연필을 앙팡지게 잡고 글씨를 쓸 때 더 예뻐 보였다.

　치마를 입고 학교에 온 적은 한 번도 없었고 주로 붕붕하게 보이는, 배를 다 가리지 못하는 티셔츠와 무릎이 튀어 나온 운동복 차림인 경우가 많았다. 어른인 내가 보기에는 통통해서 보기 괜찮았는데 신체검사 결과로는 '중등도 비만'이었고 아이들은 그 아이를 매우 뚱뚱하다고 생각했다.

　그렇지만 몸이 유연하여 달리기 외에는 온갖 운동을 다 잘했다. 계산능력이 부족하여 수학 시간에는 어려움을 겪었지만 논리적으로 다른 사람을 잘 설득하고 발표도 잘했다. 또한 컴퓨터로 하는 것은 수준급이어서 나도 미나에게 모르는 것을 물어보고 해결하는 경우도 있었다. 단점이 있다면 고집이 세었는데, 어쩌다 화가 나면 엎드린 채 꿈적을 하지 않아서 아이들이 당황해 했다.

어느 날, 체육 시간에 매트 위에서 앞으로 구르기, 뒤로 구르기를 하다가 일이 터졌다. 뚱뚱한 미나를 보고 장난기가 심한 남자 녀석들이,

"야, 돼지 구른다."

"킥킥"

"옷이 작으니까 뱃살이 다 나왔네."

"저 옆구리 살 좀 봐."

라며 놀렸다.

그러다가 장난의 수위가 지나쳐서,

"돼지년, 재주넘고 있네."

라는 말까지 나왔다.

웬만한 놀림에는 우스갯소리로 상대방을 제압해버리는 아이였는데 이번에는 충격을 받았는지 고개를 숙인 채 소리 내어 울면서 체육관 구석으로 가버렸다. 여자 아이들 여러 명이 쭈그리고 앉아서 우는 그 아이의 등을 다독거려주며 위로해 주었다.

언어 폭력을 한 남자 녀석들은 야단을 맞았고 미나에게 잘못을 빌도록 한 뒤 알림장에 내용을 적어서 부모님들께도 알렸다.

학교 폭력에 해당되어서 미나 어머니와 미나가 3일 이내에 그 남자 아이들을 용서해 주지 않으면 이 사건은 교내 학교폭력자치위원회에 보고하게 되어 있었다. 그날, 미나는 사과를 받아주지 않았다.

직장에 다니는 미나 어머니께 전화로 있었던 일을 알렸다. 그런데 의외의 답을 들었다.

"선생님, 작년에도 그런 일이 있었어요. 제가 나서서 해결은 되었지만 그 후에 아이가 너무 힘들어해서 2학기 때 전학을 온 거거

든요. 그렇게 운동하고 살 빼라고 타일러도 듣질 않아요. 지가 살 뺄 노력을 안 하는데 그런 말 들어도 싸죠. 이번에는 지가 해결하도록 내버려 둘래요."

"아, 네. 그런 일이 있었군요. 학교에서 제가 더 잘 보살피도록 하겠습니다."

예상 밖의 단호한 태도에 당황해서 나는 이 말밖에는 할 수가 없었다.

다음 날, 미나의 의견을 들어 보았다. 미나는 힘이 없는 목소리로 말했다.

"선생님, 애들 용서해 줄래요. 작년에도 이런 일 겪어봤는데 제가 용서하지 않으면 마음이 더 불편하고 아플 것이니까요. 그런데 조건이 있어요. 다음에 또 그러면 이번 것까지 합쳐서 처벌해 주세요."

고개를 떨구며 눈물을 방울방울 쏟아냈다. 휴지로 콧물을 닦으며 말을 이어갔다.

"뚱뚱한 제가 더 잘못이라고 집에서 야단만 맞았어요. 혼자 울면서 죽어버릴까도 했는데 생각해 보니까 제 잘못도 있었어요. 엄마가 음식 조절하고 운동하라고 했는데 제가 듣지 않은 거예요. 친구들 눈에 제가 뚱뚱한 것 외에는 잘하는 게 없는 것으로 비쳐졌을 거예요."

나는 미나를 꼬옥 안아주면서 말했다.

"미나야, 많이 힘들었지? 선생님도 많이 속상해. 얘들 용서해 준 것 고마워. 미나가 멋진 아이라는 걸 친구들이 알아차리도록 선생님이 도와줄게."

"......"

생각이 깊은 그 아이는 입술을 안으로 말면서 말 없이 콧물만 홀짝거렸다.

다음 날, '학교폭력예방'을 주제로 팀별로 UCC(User Created Contents)를 제작해 오라고 과제를 내 주었다. 너도 나도 컴퓨터를 잘하는 미나를 팀에 넣고 싶어 했다. 갑작스런 인기 폭발에 쑥스러워 하면서도 미나의 목소리에 힘이 들어가고 얼굴에 미소가 번졌다.

미나는 평소 남몰래 좋아하던 남자아이가 있는 팀을 선택했는데 그 팀원들은 대환영이었다. 미나는 그 팀의 총감독 겸 강제로 빵 심부름을 많이 당하는 아이의 역할을 맡았다. 연기를 실감나게 했고 배경음악이나 촬영과 편집을 멋지게 했다. 화면 속의 미나는 우리 반 아이들을 '깔깔깔' 웃게 했다가 숙연하게도 해서 많은 박수를 받았다.

두 번째는 축구시합을 하기로 했다. 여자 아이들은 축구 용어나 경기 규칙을 잘 몰랐기 때문에 모두 미나에게 별도로 지도를 받았다. 미나는 축구를 잘하는 남자 녀석과도 실력을 견줄 만한 정도였기 때문에 미나의 팀은 시합도 하기 전에 의기양양했고 다른 팀은 패배의 불안감으로 한숨부터 쉬었다.

주전자에 물을 담아서 그린 축구 경기장의 중간 지점 정도에서 미나가 공을 '빵'하고 차면 그대로 골인이 되어서 그때마다 아이들은 배꼽을 쥐고 웃었다. 미나가 공을 잡으면 놓치지 않기 때문에 그 팀은 11:2로 압승을 거두었다.

다음으로는 아이들에게 전국 동시쓰기 대회에 제출할 작품을 써 오라고 했다. 작품을 써 온 아이들끼리 서로 돌려가며 읽어 보고 토론을 하게 한 뒤 고칠 부분이 있으면 다시 고쳐 쓰게 했다.

미나는 유준이의 시를 읽어 보고 어떤 한 부분의 표현을 조금 다르게 했으면 좋겠다는 의견을 냈다. 유준이도 그것을 받아들였고 제출하면서 공개적으로 약속을 했다.

"내가 만약 상을 타게 된다면 상금의 15%를 미나에게 주겠다."

그런데 그 작품이 전국 은상을 타게 되어 상금을 50만원이나 받았고 유준이는 그 약속을 지켰다.

그 후로 미나는 여자 아이들에게도 인기가 있었지만 남자 아이들에게 더 인기가 있었다.

축구, 발야구 등 운동경기를 할 때마다 미나에게 심판을 봐 달라든지 자기네 팀으로 오라든지 하며 도움을 요청했고 모둠별 발표를 위해 컴퓨터의 P.P.T 제작을 할 때에도 꼬맹이 컴퓨터 전문가의 도움을 많이 받았다.

받은 상금으로 아이들한테 떡볶이와 튀김 등을 사준 뒤에는 남자 녀석들이 '형님! 미나 형님!'하고 불렀는데 미나는 그것을 즐기는 듯했다. 용서가 자신을 더 기쁘고 편안하게 한다는 것을 한 해 전에 이미 깨달은 아이였으니까.

용서가 반사되어 많은 축복으로 되돌아 온다는 진리도 이 꼬마는 이미 꿰고 있었는지도 모른다.

소망을 이루기까지

"떤땡님, 이거 떤땡님 드리고 싶어요."

등교한 아이들 모두가 조용히 책을 읽고 있는 아침 자습 시간에, 말이 어눌한 영재가 플레이콘을 한 웅큼 쥐고 뒤뚱거리며 앞으로 나왔다. 그러고는 나에게 받아달라고 애원하는 눈빛을 보냈다.

옥수수 가루를 넣어서 만들어진 여러 가지 색깔의 플레이콘 (play corn)은 겉에 물을 묻혀 이어 붙여서 원하는 모양을 만들 수 있는 큰 대추 크기의 미술용품이다. 과제를 했거나 착한 일을 했을 때에만 한 개씩 받을 수 있는 상품이었고, 모은 개수에 따라 심부름을 하거나 1인 1역을 선택할 수 있으므로 아이들한테는 굉장히 소중한 물건이었다. 그걸 나에게 도로 주다니 이해가 되지 않았다.

"영재가 부지런히 모아서 심부름 반장이 되세요."

라며 살짝 미소를 지어 주었다.

1교시가 끝나고 쉬는 시간에 녀석은 다시 앞으로 나와 색종이로 서툴게 포장한 뭔가를 책상 위에 살짝 두고 갔다. 바빠서 미처 보지 못한 채 교실 바깥으로 잠깐 나가려는데 영규가 나를 따라오더니 말했다.

"떤땡님, 그렇게 해주실 수 있어요? 네?"

'뭔가 할 말이 있는가 보다'라는 생각이 들어서 나는 책상으로 다시 돌아갔다. 뭔가를 포장 한 파란 색종이에는 크레파스로 노란 별이 여러 개 그려져 있었다. 뜯어보니 아까 나를 주려던 플레이콘 5개가 가지런히 들어 있었다. 분홍색 색종이 한 장에도 편지글과 함께 보라색 별을 여러 개 그려 놓았다.

선생님께

선생님, 재(제)가 좋아하는 짝을 해 주세요.
그럼 재(제)가 공부도 열심히 할 수 있어요.
재(제)가 원하는 짝은 박수빈이에요.
제발 재(제) 소원을 들어 주세요. 김영재가

입학할 때 한글을 깨우치지 못했던 아이라 그런지 2학기에도 겨우 읽고 쓰는 녀석인데 네 줄이나 쓰다니! 얼마나 정성을 다해서 쓴 편지인가를 알기 때문에 웃음과 함께 대견하기까지 했다. 게다가 아끼는 플레이 콘을 뇌물로 줄 생각까지 한 걸 보니 아주 간절하게 수빈이와 앉고 싶다는 것도 느낄 수 있었다.

"떤땡님, 박뚜빈이와 짝 할 수 있어요?"

녀석은 애절한 눈빛으로 다시 물었다.

"글쎄다. 수빈이 생각이 어떤지 모르니까 아직 선생님은 결정을 할 수가 없는데 어떡하지?"

나는 일부러 무관심한 척 했다.

"떤땡님이 여자 친구를 좋아하면 때리거나 괴롭히지 말고 좋아한다고 말해주라고 하셨잖아요. 작은 선물도 주면 더 좋다고 하셨잖아요. 그래서 용돈으로 필통도 사서 주었단 말이에요."

아이는 땀까지 삐질삐질 흘리며 거의 우는 목소리로 대답했다. 나는 터져 나오는 웃음을 참으며 플레이콘은 선생님보다는 영재에게 필요한 물건이니 도로 가지라고 하며 돌려주었다.

"영재가 최선을 다했지만 결정은 수빈이가 하는 거야. 수빈이를 정말로 좋아한다면 수빈이의 결정을 존중해 주어야 해요."

그러고는 수빈이의 의견을 물어보고 오라고 했더니 답을 듣고 오는 녀석의 얼굴이 환해졌다.

"떤땡님, 뚜빈이가 저랑 앉아도 괜찮대요. 이젠 앉혀 주실 거죠?"

영재는 어깨를 한 번 으쓱하고는 실눈 웃음을 환하게 웃으며 당당하게 말했다.

"선생님이 영재 혼자만 소원을 들어 줄 수는 없으니까 조금 더 생각해 보고 말을 해 줄게. 다른 친구들도 수빈이와 앉고 싶다고 할지 모르잖아? 일주일 동안 학교생활도 잘하고 친구들에게 친절한지도 지켜봐야 되고."

기대와는 달리 수빈이와 앉을 수 있는 길이 멀고도 먼 것을 알아차린 녀석은 일주일 동안 숙제도 잘해 오고 일기도 매일 열심히 썼으며 발표와 청소도 열심히 했다.

뇌물을 거절하고 녀석의 간절한 소망을 들어줄 수 있는 나는 참 행복한 교사이다.

경호가 달라졌어요

경호와 몇 녀석이 또 몰래 집으로 가버렸다.

며칠 째 수업시간에 장난치느라 수학책과 수학 익힘책에 있는 3단원의 문제를 거의 풀지 않았다. 수업 후에 남아서 밀린 공부를 다 하고 검사를 맡고 집에 가라고 했는데도 그냥 집으로 간 것이 벌써 세 번째이다.

"오늘은 아빠 회사로 전화한다. 지금 당장 와."

내 협박 전화를 받고 다른 녀석들은 헐레벌떡 다시 교실로 왔다. 하지만 경호 핸드폰은 꺼져 있었고 학원에도 집에도 없었기 때문에 경호 어머니도 찾을 방법이 없었다.

한참 고민하다가 작년 가을부터 경호와 친하게 지내고 있는 다른 반 희선이를 불렀다. 희선이가 경호 핸드폰에 부드러운 음성 메시지를 남겼다.

"경호야, 나 희선이 인데, 정말 실망이다. 빨리 교실로 와. 기다릴게."

잠시 후에 희선이에게 경호가 전화를 했다.

"희선아, 나 공부 안 한 것 하나도 없어."

"안 한 게 있든 없든 일단 내게 교과서를 보여줘."

"그럼, 네가 이리로 올래? 여기 떡볶이 집이야."

"싫어. 네가 이리로 오지 않으면 앞으로 네가 나 만나기 힘들 거야."

희선이가 단호하게 말했다. 잠시 후 경호는 고개를 숙인 채 교실로 들어왔다. 그런데 희선이는 참 속도 깊은 아이였다. 경호가 거짓말을 한 것이 그대로 드러났는데도 그 점에 대해서는 한 마디도 하지 않고 작은 목소리로 이랬다.

"수학책이랑 수학 익힘책 얼른 하고 나랑 같이 나가자."

며칠 후 희선이가 내게 부탁을 했다.

"선생님, 다음 주 수요일이 우리가 만난 지 200일 되는 날인데 쉬는 시간에 축하 케이크하고 카드 전해 주러 선생님 교실에 들어가도 돼요?"

"글쎄, 경호의 학교생활 태도가 지금처럼 나쁘면 그렇게 할 수가 없지."

"제가 잘하도록 말할게요."

그날부터 경호의 태도가 확 달라졌다. 공부시간에 우스갯소리로 교실 분위기를 흐려놓고, 쉬는 시간에는 소란스럽게 떠들며 복도와 계단을 뛰어다니던 녀석이었다. 그런데 누구보다도 점잖아졌고 카리스마 있는 목소리로,

"야아, 너희들 떠들지 말고 공부해."

이렇게 경호가 한마디 하면 교실이 조용해졌다.

둘이 친구가 된 지 200일째 되던 날, 희선이가 작은 케이크와 장미 한 송이, 카드를 가지고 교실 문에 서 있었다. 희선이네 반 여자아이 몇몇도 같이 왔다. 우리 반 녀석들은 "꺄악!"하고 부러운 비명을 질

렀고 경호는 부끄러운 듯 고개를 푹 숙이고 자리에 앉아 있었다.

희선이가 들어와서 선물을 주며 말했다.

"경호야, 우리 300일 되는 날도 축하할 수 있도록 공부도 잘하고 뭐든 열심히 하자."

우리 반 녀석들의 박수 속에 경호는 부끄러운 듯 작은 소리로 무미건조하게 "응"하고 짧게 대답만 했다.

희선이는 수시로 사랑이 담긴 격려 편지를 나를 통해 경호에게 주었고 그때마다 아이들은 둘을 매우 부러워했다.

경호는 공부든, 청소든, 심부름이든 뭐든지 열심히 하더니 2학기에는 학급 회장이 되었다.

사랑의 힘이 경호를 멋지게 바꾸어 놓았다.

함께 그리고 더불어

용인에 있는 어느 학교의 가을 운동회에서 아이들의 우정 어린 달리기 모습이 뉴스나 인터넷으로 알려지면서 사람들에게 큰 감동을 준 적이 있었다.

여러 명이 달리다가 결승선 앞에서 멈춰 선 채, 달리기에서 늘 꼴지를 하는 연골무형성증 장애가 있는 친구가 달려오기를 기다렸다. 그 친구가 가까이 오자 함께 손을 잡고 결승점을 통과하는 모습은 어른들에게 많은 생각거리를 던져주었다. 1, 2, 3등을 가린 것이 아니라 모두 함께 기쁨을 누리게 만든 아이들이 준 감동의 물결이 학교 운동장을 넘어 세상 사람들에게도 기쁨을 준 것이었다.

부자들이 기부를 많이 하고 정직하게 세금을 많이 내는 것도 함께 잘 살기 위함이요, 우리들이 이웃돕기를 하는 것도 함께 행복하기 위함이다.

요즈음은 학교 수업에서도 함께 잘 사는 사회를 만들기 위한 시민의식 교육에 신경을 많이 써서 옛날 방식과 달리 모둠 활동을 많이 한다.

1등, 2등, 줄을 세워 같은 반 친구 모두가 경쟁 상대라는 것을 가르치는 것이 아니라 각자의 장점을 서로 배우고 도와주어 '함께 잘 되는 것의 기쁨'을 어릴 때부터 느끼게 해 주려 함이다.

체력향상을 위해 자신의 능력껏 달리는 활동에서는 빠른 녀석도 있고 몸 움직임이 굼뜬 녀석도 있다. 하지만 나는 등수를 매기지 않는다. 늦더라도 안전하게 뛰어오면 "합격!"하고 칭찬해 준다. 그래서 달리기에 자신이 없는 아이들도 의기양양하다. 경쟁이 없는 달리기 방법이다.

아이들이 함께 손을 잡고 뛰는 모둠 달리기는 서로 손을 떼지 않고 안전하게 달려야 한다. 그러려면 손도 꼭 잡아야 되고 넘어지거나 손을 놓치지 않게 서로 속도를 맞추어야 한다. 이런 모둠 활동을 하고 나면 아이들은 함께 해 냈다는 기쁨에 서로 껴안고 손을 잡고 흔들며 사이가 아주 가까워진다.

등수 걱정이 없는 아이들이 종달새 같은 목소리로 물었다.

"선생님, 그러면 운동회 달리기에서도 1등하지 않아도 돼요?"

"그럼. 다른 친구를 다치지 않게 하고 자신도 다치지 않게 안전하게 달린 사람은 모두 1등이에요."

그래서 요즈음은 운동회 달리기에서 1, 2, 3등 도장을 찍어주지 않는 학교가 많다.

여러 명이 함께 하는 모둠 활동의 장점은 힘을 합쳐서 어떤 일을 해냄으로써 협동심도 기르고 다른 사람을 배려하는 마음을 기를 수도 있다는 것이다. 단점으로는 학습능력이 많이 떨어지거나 의욕이 없는 아이들은 아무 것도 하지 않고 다른 친구들에게 전적으로 기대는 것이다. 그래서 잘하는 아이들은 늘 바쁘고 힘들 수도 있다.

친구들 사이에 다툼이 잦을 때,

"싸움이나 경쟁 상대는 우리 반 친구들이 아니다."

라고 훈화를 했더니 아이들이 물었다.

"그럼 누구와 싸워 이겨야 하나요?"

"자기 자신의 마음하고 싸워서 늘 이기도록 하세요. 그게 힘들다 싶으면 우선 스웨덴, 노르웨이, 미국 등 선진국의 여러분 또래를 경쟁 상대로 삼으세요."

아이들은 정곡을 찔린 듯 멈칫하며 자세를 바로하며 앉는다.

'1등 욕심을 버리고 함께 잘 되도록 서로 도와주어야 한다'고 가르치면 승부욕이 강한 아이들이 꼭 묻는 질문은 이것이다.

"그럼 뭘 1등해야 되나요?"

"정직하기, 친구를 잘 도와주기, 부모님께 감사하기, 이 세 가지를 1등 하려면 여러분이 어떻게 해야 될까요?"

이렇게 말해주면 아무리 어린 1학년이라도 교실은 조용해지고 아이들의 눈이 빛난다.

또래 참여 재판

    아이들의 갈등 상황에서 교사는 수사관 역할, 조정관 역할, 판사 역할을 하기도 한다. 법원 소송에서 '국민 참여 재판'이 이루어지는 것처럼 교실에서는 또래 참여 재판이 있기도 한다.

    또래 참여 재판의 진행을 맡게 되는 꼬마 조정관은 가해 아동과 피해 아동의 이야기를 공정하게 잘 들어주어야 하고 서로 억울함이 없도록 좋은 해결 방법을 양쪽에 제시할 능력도 있어야 한다. 그러자면 평소에 배려하는 마음 씀씀이가 커야 하고, 아이들로부터 신뢰를 많이 받아야 하며 자신의 의견을 논리적으로 다른 사람에게 잘 전달할 줄 알아야 한다.

    교사가 개입하는 것보다 아이들끼리 문제점에 대해 이야기를 나누고 가장 알맞은 해결 방법을 찾게 해 보면 아이들 사이의 미운 감정과 분노 등도 빨리 사라지게 하는 효과가 있다.

    이런 효과 때문에 평소 사이가 좋지 않던 두 아동 사이에 갈등이 생겼다거나, 일부러 친구를 계속 놀릴 때, 또는 친구들 간의 순간적인 오해 때문에 일어난 일 등을 해결할 때는 꼬마 조정관에게 조용히 부탁을 하곤 한다. 이번에도 유원이가 필요했다.

"유원아, 혜진이 몸에서 냄새 난다고 석규가 여러 번 놀려서 이번에는 혜진이가 절대 용서를 못하겠대. 선생님도 이제는 더 이상 방법이 없어. 이 사건을 학교폭력 자치위원회에 보고할 수밖에 없는데 지원이가 좀 도와 줘. 응?"

꼬마 조정관 유원이는 먼저 혜진이의 하소연을 다정한 표정을 지으며 충분히 듣고 공감해 주었다. 여러 아이들로부터 인기가 높은 유원이가 혜진이의 이야기를 끝까지 들어주니 혜진이는 처음에는 화난 목소리로 말을 하다가도 얼마 있지 않아 부드럽게 말하기 시작했다. 점차 눈물을 글썽이며 그동안 속상했던 이야기를 실타래 풀 듯 꺼내기 시작했고 뭉쳐져 있던 마음도 슬슬 풀기 시작했다.

유원이가 혜진이를 자리로 돌려보낸 다음 조금 단호한 표정과 말로 석규를 불렀다. 꼬마 조정관이 그에게 하고 싶은 말을 해 보라고 했지만 녀석은 할 말이 별로 없어 고개를 숙였다. 자기가 짝사랑하는 여자 친구가 유원이라서 자신의 행동에 대해 더 부끄러운 모양이었다.

유원이는 다른 아이들도 들으라는 듯 조금 큰 목소리로 말했다. 학교폭력 자치위원회까지 갈 정도의 문제가 우리 반에서 생겼다면 우리 반 친구들 모두의 자존심이 엄청 상하는 거라고.

멀리 떨어져서 고개를 푹 숙인 석규의 모습을 지켜보던 혜진이는 눈물을 그치고 조용히 유원이 옆에 가서 말했다.

"유원아, 나, 석규 용서해 줄래."

유원이는 혜진이를 칭찬해 주고 석규를 꾸짖는 듯했다.

"이것 봐. 석규야. 내가 왜 혜진이를 멋진 친구라며 좋아하는지 알겠지? 너는 진심으로 혜진이에게 고마워해야 돼. 알겠니?"

"응. 알았어. 혜진아, 나 때문에 정말 속상했지? 진짜로, 진짜로 미안해. 너랑 같이 놀고 싶은데 왜 냄새 난다는 엉뚱한 말이 먼저 나와 버리지. 아유, 아유. 이 멍청이 석규, 석규, 석규."

녀석이 자신의 머리를 툭툭치며 웃기자 혜진이도, 유원이도, 주변에 있던 아이들도 깔깔깔 웃었다.

그렇게 문제가 해결되었다며 유원이가 두 아이를 내 앞으로 데려왔고 나는 생활지도 내용을 기록하는 공책에 모두 볼펜으로 직접 글을 쓰게 했다.

> 저 이석규가 이혜진이를 냄새난다고 놀렸는데 감사하게도 이혜진이 용서해 주었습니다. 앞으로 또 혜진이를 놀린다면 혜진이가 하자는 대로 할 것입니다. -이석규
>
> 저를 놀린 이석규를 용서해 주었지만 또 다시 저를 괴롭힌다면 이전에 용서한 것까지 모두 취소합니다. -이혜진
>
> 석규와 혜진이가 쓴 내용을 확인함. -꼬마 조정관 신유원

날짜를 쓰고 서명까지 하게 하면 학교폭력 사건은 화기애애하게 마무리된다.

아주 심각한 사건들은 학교폭력법이라는 외부의 잣대로 엄히 다스리고 다시는 그런 일이 일어나지 않도록 어른들이 적극적으로 문제 해결에 개입해야 할 것이다. 하지만 아이들 스스로 되돌아 볼 만한 일들이라면, 가해 아동과 피해 아동 모두에게 다른 사람을 이해하는 계기를 마련해 주고 서로 따뜻한 마음으로 화해할 수 있는 기회를 주는 또래 참여 재판도 참 좋은 해결 방법인 것 같다.

법은 잘 알되, 법에 기대지 않고도 사람들과 더불어 잘 살 수 있는 사람으로 아이들이 자라났으면 좋겠다.

나쁜 것과 좋은 것

"선생님, 수학을 잘 못하는 것은 나쁜 건가요?"

송희가 머뭇거리며 느릿느릿, 입 안에서 오물거리는 부정확한 발음으로 말했다.

"아니, 왜?"

"제가 수학을 잘 못해서요."

"못하는 게 나쁜 것이 아닌데 왜 그렇게 생각을 했을까?"

"공부를 못하는 건 나쁘다는 생각이 들어서요."

뭐든지 나쁜 것과 좋은 것으로 구분하는 이 아이는 특히 누군가를 칭찬하면 이런 식의 질문을 더 많이 했다.

어느 날, 창의적인 생각을 발표한 선중이를 칭찬하자,

"선생님, 다른 생각을 말한 아이는 나쁜 거예요?"

라고 물었다.

"선생님이 다른 친구들 생각도 좋지만 남들이 생각하지 못한 것을 발표한 선중이의 생각이 참 좋다고 했지, 다른 친구들 생각을 나쁘다고 하지 않았는데요?"

"……."

또, 체육시간에 공 던지기 활동을 하면서 공이 빗나가면,

"선생님, 제가 나쁜 사람이지요?"

"또 왜?"

"공을 잘 못 던져서 저 쪽으로 가버려서요."

그렇게 송희는 다른 아이 같으면 대수롭지 않게 여길 사소한 일에도 매우 속상해 하면서 '나쁜 일'을 겪었다고 나에게 하소연을 했다. 어떤 때는 친구가 자신을 '나쁜 아이'라고 하거나 '싫어하는 아이'라고 했다고 하소연해서 확인해 보았더니 사실이 아니었다.

다른 아이들과 달리 모든 상황을 '나쁜 것'과 '좋은 것'으로만 구분하는 송희를 어떤 방법으로 도와주어야 할 것인지 고민이 많이 되었다.

아이가 태어나서 자라는 동안 부모는 처음에는 무조건적인 사랑을 보이다가 아이가 유치원이나 학교를 다니기 시작할 무렵부터는 조건을 내걸기 시작한다. 100점을 맞으면 뭘 사주고 선생님 말씀을 잘 들으면 어디를 데려 간다는 등등.

어떤 때는 어른의 기분에 따라 아이의 요구를 들어주기도 하고 냉담하게 거부하거나 무시하기도 한다.

자신의 기분에 따라, 기대조건에 따라, 춤을 추는 부모의 변덕스러움에 아이의 생각은 미로에 갇히게 된다. 그러다가 점차 자신이 할 수 있는 게 아무 것도 없다는 무력감에 빠지고 만다. 그래서 부모나 어른의 사랑과 관심을 느낄 만한 것은 '착한 것', 다른 사람이 좋아하지 않는 것은 '나쁜 것'으로 구분하게 되는 것이다.

송희의 이분법적 사고를 가장 빠르게 해결할 사람은 바로 부모였다. 받아쓰기나 시험의 점수, 아이의 행동을 가지고 선물을 내걸거나 놀이공원에 데려간다는 등의 조건을 걸지 않게끔 부탁을 드렸다.

또한 어떤 일이든 송희에게 구체적으로 설명해 주고 일관성 있는 태도를 보이는 것이 중요하다는 설명을 드렸다.

가장 근본적인 해결방법은 부모가 자신을 무한히 사랑한다는 것을 늘 느끼게 해주는 것이다. 엄격한 기준이 있으되 아주 작은 일에도 칭찬을 많이 해주고 자주 안아주고 웃어주면 된다.

사랑으로 아이의 마음을 흠뻑 적셔주면 아이는 더 이상 가치 판단에 혼란이 오지 않고 자신감이 넘치게 된다.

어둠을 지워라

몇 년 전부터 자살 예방 교육이 강화되었다. 뉴스를 통해 전해지다시피 우리나라는 OECD 국가 중에서 자살률 1위의 나라이다.

자살 충동은 초등학생이라고 해서 예외가 아니다.

다른 반 병철이 녀석은 친구와 싸운 뒤 화를 참지 못하고 씩씩대며 교실을 뛰쳐나가 4층 계단 쪽 창문을 열고 올라섰다. 뒤따라간 담임 선생님이 바로 붙들고 끌어내려 사고를 막았는데 순간적인 분노가 폭발하여 큰 사고로 이어질 뻔한 사건이었다.

어른들이 세심하게 살펴보지 않으면 전혀 눈치 챌 수 없는 자살 징후를 가진 아이들이 있다.

우리 반 예진이와 다른 반 유미 사이에 가벼운 왕따 사건이 일어났다. 4학년 때는 예진이와 유미가 '절친'이었는데 5학년 때 서로 다른 반이 되었다. 유미는 예진이하고 함께 놀 기회가 줄어들자 우리 반의 여러 여자 아이들에게 예진이와 놀지 말라고 말한 것이 문제가 되었다.

이 사건으로 유미네 반 선생님이 유미에게 반성문을 일기장에 쓰라고 했고 그것을 확인하다가 앞쪽에 적혀있던 내용을 우연히 보게 되었는데 그 내용이 심상치 않았다.

아이들의 일기 내용을 자세히 보다가 학생 인권문제로 학부모의 항의를 받는 경우도 있기 때문에 평소에는 간단히 확인만 했는데 심각한 내용이 있어서 읽게 된 것이었다.

그 선생님으로부터 간략한 내용을 전해 듣는 순간, 우리 아이들의 깊은 고민을 내가 얼마나 많이 놓치고 있나를 반성하게 되었다.

유미의 일기에는 예진이와 사이가 멀어져서 너무 슬프고 죽고 싶다는 내용, 엄마가 야간 일을 하기 때문에 학교를 마치고 혼자 저녁을 차려 먹고 혼자 잠드는 것이 너무 무섭고 힘들다는 것 등 군데군데 자살을 암시하는 내용이 들어 있었다. 자살 시도를 세 번이나 했다는 다음과 같은 내용들은 정말 충격적이었다.

부엌에서 식칼을 들고 목에 댔다. 몇 번이고 내 목을 칼로 그어 버릴까 생각하다가 참았다. 혼자 한참을 울었다.

우리 반 아이와 관련된 내용이 여러 번 적혀 있었고 내가 학년부장이었기 때문에 유미 선생님이 내게 협조를 구했다.

유미 어머니는 이 사실을 듣고 담임 선생님 앞에서 펑펑 울었다. 서둘러 유미에게 알맞은 치료와 상담을 받게 하기로 했고 외할머니가 당분간 유미를 돌보도록 했다.

학교에서도 유미의 안정을 위해서 많은 배려를 할 테니 집에서는 더 많이 안아주고 더 많은 시간을 함께 할 것을 부탁드렸다.

다음 날, 각 학급에서는 긴급히 자살 예방 교육을 실시했다.

"하나님, 부처님 등이 이 세상을 살기 좋게 하고 빛내고 오라고 지구에 우리를 보내 주셨는데 그 기간은 사람마다 다 다르고 언제까지인지 아무도 몰라요. 현재의 순간적인 괴로움을 피하기 위해 자살하는 것은 하나님, 부처님 등의 명령을 어기게 되어 지옥으로 가게 된다고 해요. 지옥에는 뱀이 우글거리고 더러운 똥이 가득하고 구더기가 버글거린다는데 거기서 사는 게 좋을까요, 아니면 힘든 것 이겨내고 집에서 사는 게 나아요?"

그림을 그려가면서 지옥이 얼마나 고통스러운 데인가를 이야기하면 지금 살고 있는 우리나라, 우리 동네, 우리 집이 얼마나 좋은 곳인가를 느끼는 듯 아이들은 꽤나 심각한 얼굴이 되었다.

우선 유미 선생님이 유미를 우리 반으로 심부름을 자주 보내서 다른 반 선생님인 나와의 거리를 좁히는 것과 동시에 우리 교실에서 예진이의 얼굴을 조금이라도 더 보도록 배려했다.

내가 할 일은 예진이가 유미에게 친절하게 대해 주고 함께 놀 수 있는 시간을 만들어 주는 것이었다. 그래서 점심시간에 유미가 우리 교실에 와서 우리 반 아이들과 실내 놀이를 함께 할 수 있도록 했다. 예진이도 유미네 교실에 가서 놀 수도 있었다.

마음 속 어두움이 많이 지워졌는지 유미의 얼굴이 밝아졌고,

"선생님, 안녕하세요?"

하고 교실로 들어서는 목소리의 톤도 올라갔다.

의사 선생님, 상담 선생님, 유미 어머니, 교사들이 협력해서 한 아이의 귀한 생명을 지킬 수 있었다.

명예 훼손

아동의 생활태도나 가정 사정에 대해 두 사람 이상에게 말이나 이메일, 또는 SNS로 소문을 내는 것은 명예 훼손으로 형사적인 처벌을 받을 수도 있다. 사실이든 사실이 아니든 다 해당이 된다.

어떤 학교에서는 한 학부모가 자신의 아이를 '문제아'라고 소문을 내고 다니는 학부모를 형사 고소했다는 이야기도 들려왔다. 남에 대해 나쁜 이야기를 하고 다니는 것은 어른이든 아이든 좋은 태도가 아니다.

어느 날, 계희가 쪽지를 주었는데 그걸 읽고 나는 큰 충격을 받았다.

선생님, 유경이가 엄마 침대에서 6반 재욱이랑 같이 잠을 잤대요. 애들이 다 알고 있고 엄마들도 많이 알아요.

놀란 가슴을 진정하고 유경이와 재욱이를 조용히 불러 사실 확인부터 했다.

　유경이 엄마가 집을 비운 사이에 재욱이, 정욱이 등 같은 학년 남자 아이 네 명과 함께 집에서 놀았다고 했다. 숨바꼭질, 술래잡기 등을 하면서 놀다가 재욱이가 유경이를 밀치면서 둘이서 동시에 엄마 침대에 함께 넘어진 것이었다.

　쪽지 내용이 헛소문인 것을 알고 마음이 조금 진정되었지만 그 소문을 빨리 차단시켜야 했고 사실이 아니라는 것도 알려야 했다. 그리고 그 소문을 최초로 퍼뜨린 아이가 누구인지 찾아야 되는 등, 갑자기 해야 할 일이 많아졌다.

　우선 학년의 각 담임 선생님들이 반 아이들에게 말했다.

　'헛소문이 돌고 있는데 그 헛소문을 퍼뜨린 아이들을 학교에서 찾고 있으니 헛소문을 퍼뜨린 사람은 부모님이나 친구들에게 그건 사실이 아니었다고 다시 분명히 말해야 된다.'

　이렇게 소문 차단에 먼저 신경을 썼다.

　내게 쪽지를 준 계희를 시작으로 역추적을 하니 소문의 진원지는 다른 반 아이 선주였다.

　재욱이는 별 생각 없이 선주에게 웃으면서 말했단다.

　"어제 놀다가 유경이 엄마 침대에 나랑 유경이랑 같이 넘어졌어."

　그런데 평소에 우리 반, 다른 반 할 것 없이 남자 아이들과 가깝게 지내는 유경이가 부러웠던 선주는 학년의 '짱'이라는 재욱이와 함께 놀았다고 하니 더욱 질투심에 휩싸였던 것이다. 게다가 유경이는 키도 크고 날씬하고 피부도 뽀얗고 성격도 서글서글해서 주변에 친구들이 많았다. 늘 유경이에게 콤플렉스를 가지고 있던 선주는 일부러 자기 반 여러 여자 친구들에게 헛소문을 냈다.

　"애, 재욱이가 나한테만 말해 주었는데 어제 유경이가 자기 엄마 침대에서 재욱이랑 잠을 잤대."

　이 소문은 삽시간에 학년 전체에 퍼졌는데 유경이나 나나 선주 담임 선생님은 전혀 모르고 있었다.

선주는 자신의 잘못을 솔직하게 인정을 했다. 선주 어머니는 어떠한 처벌도 다 받아들이겠다고 했다.

그런데 유경이와 유경이 어머니는 이런 소문이 퍼진 줄을 전혀 모르고 있는 상황이어서 이걸 어떻게 전달해야 할지가 참으로 난감한 절차로 남았다.

전화를 받고 직장 근무 중에 잠시 틈을 낸 유경이 어머니는 밝은 얼굴로 인사를 했다.

"바빠서 유경이에게 신경도 못 쓰는데 유경이가 학교생활을 잘 하는 것은 모두 선생님 덕분이에요. 안 그래도 유경이가 학교생활을 어떻게 하나 궁금해서 뵙고 싶었어요."

그 밝은 얼굴을 보니 유경이에 대한 헛소문이 퍼졌다고는 차마 말을 할 수 없었다. 우선 유경이의 학습 태도나 교우관계 등을 말했는데 녀석이 워낙 모범생이라 칭찬할 내용 뿐이었다.

또 어른이 없는 집에 유경이가 친구들을 데리고 가서 노는 것은 안전사고가 일어날 수 있으므로 잘 지도해 달라고 말했다.

그런 뒤에 몰래 숨을 깊이 들이쉬고 유경이 어머니 눈을 보며 말했다.

"다른 반 선주라는 아이가 재욱이랑 유경이가 침대에 같이 누웠다고 소문을 냈는데 어떻게 지도하면 좋을지 모르겠어요. 제게 지혜를 좀 빌려 주셔요."

그녀의 얼굴이 순간적으로 날카로워졌다. 내 가슴도 철렁했다.

눈을 감은 채 한참을 차분히 생각하더니 집에 가서 유경이가 놀라지 않도록 잘 말하겠다고 했다. 그리고 딸 가진 엄마로서 아이들 기억에서 이 헛소문이 빨리 지워졌으면 좋겠다고 했다. 선주 어머니와 통화를 하거나 만나고 싶지는 않다고 했으며 선주의 사과 편지를 받는 선에서 조용하고 빨리 마무리되기를 원했다.

그 다음날, 선주가 엄마와 함께 정성을 들여서 쓴 사과편지를 주며 울면서 진심으로 사과를 했고 선주 담임 선생님도 유경이에게 선주가 한 일에 대해 사과를 했다.

유경이는 사과를 받는 이유에 대해 자세히 잘 모르는 듯 얼떨떨한 표정으로 사과를 받아들였고 오히려 선주에게 미안해하기까지 했다.

소문의 내용으로나 소문이 퍼진 범위로 봐서는 형사적인 사건으로까지 갈 수 있었던 학교폭력 사건이 유경이 어머니의 빠른 결정과 선주 어머니의 적극적인 사과 태도 덕분에 조용히 처리되었다. 나와 선주 담임 선생님도 아이들 교육에 더욱 집중할 수 있었다.

그리고 유경이와 선주는 서로 좋은 친구가 되었다.

상처와 용서

　태권도장에서 다른 반 준석이라는 아이가 자신의 고추를 만지고 바지도 벗겼다는 신고를 현우가 했다. 신고 받은 내용으로만 보면 신문에라도 날 만한 성추행 사건이어서 듣자마자 바로 사실 확인에 들어갔다.

　확인해 보니 둘이서 발차기 장난을 하다가 준석이가 태권도복 위의 현우 중요 부위를 만졌고 현우 바지를 밑으로 잡아 당겨서 속옷이 보였던 사건이었다.

　자세한 내용이야 어찌 되었건 그 당시 규정상으로 3일 이내에 해결이 되지 않으면 학교폭력 자치위원회로 보고해야 되는, 시간을 다투는 사건이었다. 지금은 성(性)과 관련된 사건은 교사가 알게 된 후 24시간 내에 합의가 되지 않으면 바로 보고하게끔 더욱 강화되었다.

　사실 확인이 된 만큼 준석이와 준석이의 부모님이 진심으로 반성하는 태도가 매우 중요했다. 잘못된 행동에 대해 변명만 늘어놓거나 남의 탓으로 돌린다든지 아이들끼리의 장난이었다고 가볍게 여겨서는 일을 더 어렵게 만들어 버릴 수 있었다. 다행히 진심으로 미안함을 표시했고 현우네가 원하는 방식으로 사과를 드리겠다고 했다.

현우 어머니는 부모님끼리 만나는 것은 거절했고 현우가 사과편지를 받는 것으로 용서해 주겠다고 했지만 현우는 어떠한 방법으로도 용서가 되지 않는다고 했다. 아들의 뜻이 그러니 현우 어머니도 어쩔 수 없었다.

그렇다고 내가 현우에게 용서해 줄 것을 강요하거나 유도하는 것은 절대 안 되므로 현우의 마음이 3일 이내에 풀어지는 것 외에는 달리 방법이 없었다.

사건이 학교폭력 자치위원회에 보고가 되면 학부모와 교원으로 구성된 위원들이 다시 사실 확인을 하고 여러 번의 회의를 거친 뒤에 가해 학생에 대해 봉사활동, 그 학급의 입실 금지 등 처벌 수위를 정하게 된다.

이 결정을 피해 학생 측이나 가해 학생 측에서 받아들이지 않으면 그 다음에는 학교폭력 대책위원회로 사건이 넘어가게 된다. 그러면 학교 담당 경찰관까지 포함된 위원회에서 다시 사실 확인을 하고 여러 번의 회의를 거친 후에 더 높은 단계의 처벌을 내린다.

현우가 신고한 지 3일째 되는 날, 준석이는 스스로 다른 학교로 전학을 갔다. 그래서 우리 학교에서의 처벌은 받지 않았지만 그 아이가 전학을 갔다는 소문이 퍼지면서 여러 가지 유형의 학교폭력 사건에 대해 더 경각심을 가지는 분위기가 형성되었다.

어떤 사건으로 타학교로 전학가는 아이들의 큰 걱정거리는 '그 학교의 친구들이 이전 학교의 소문을 듣고 왕따를 시키면 어떡하나' 하는 것이었다. 그래서 다른 아이들조차도 준석이처럼 되지 않아야 된다는 생각에 조심하고 또 조심했던 것이다.

한 달쯤 후의 어느 날, 전학 갔던 준석이가 그 학교의 재량휴업일이라 학교를 가지 않았다며 놀러 왔다. 현우와도 어색하게 악수를 했다. 여러 친구들이 반갑게 맞아 주었지만 그 아이는 남의 집에 놀러온 것처럼 쑥스러워했다.

다음 날 아이들로부터 전해들은 준석이의 말은 아이들에게 가장 마음에 와닿는 학교폭력 예방교육이었을 것이리라.

"얘들아. 장난으로라도 친구를 괴롭히지 마. 다니던 학교가 제일 좋아."

준석이가 다녀간 후 현우는 말이 적어지고 자주 침울해 했다.

"선생님, 친구들이 저보고 준석이를 용서해 주지 않아서 독하다고 생각할까봐 걱정이 돼요."

녀석에게 또 다른 걱정거리가 생긴 것이었다.

가해 아이들은 거의 대부분 '재미로, 모르고, 장난으로, 그냥, 실수로' 그랬다고 말한다. 하지만 피해 아동은 겪은 일이 크든 작든 간에 깊은 상처를 안고 자랄 수도 있으므로 학교 폭력은 절대 일어나서는 안 된다. 또한 학교 폭력 가해자에 대한 처벌 자체가 교육적으로도 꼭 필요한 경우도 많다. 그런데 간과하지 말아야 할 것은 아이들은 자라면서 여러 번 변한다는 것이다. 얌전했던 아이가 개구쟁이로, 매번 괴롭힘을 당했던 아이가 어느 날부터 다른 친구에게 상처를 줄 수도 있다.

피해 아동이 평생 씻을 수 없는 상처를 입은 것이 아니라면 용서해 주는 것도 좋은 방법이다. 그것이 피해 아동이 나쁜 일을 빨리 잊어버리고 자신이 겪은 일 때문에 더 이상 정신적으로 시달리지 않는 방법이기도 하기 때문이다. 친구를 미워하고 복수하는 것을 가르치기보다, 용서의 가치를 체험하게 하면 그 아이는 좀 더 대범하고 바르게 자라게 된다고 믿는다.

용서는 고운 마음의 좋은 영양제이다.

우리 아이는 화장실 사용 후의 뒤처리를 잘하지 못합니다. 선생님께 말씀을 드려야하는지요?

현재 우리나라의 학급당 인원이 적게는 20여 명에서 많게는 40여 명에 이르고 있어서, 담임교사가 어린이 개개인의 화장실 사용 후의 뒤처리를 일일이 챙기기는 쉽지 않습니다.

어린이의 심리적 안정을 위해 가정에서 대변을 보고 등교하는 습관을 갖게 하는 것이 필요합니다.

소변을 자주 보는 어린이나 그밖에 선생님께서 꼭 알아야 할 필요성이 있는 내용은 선생님께 미리 반드시 알려야 합니다.

그 내용을 표로 간략하게 나타내면 옆 페이지와 같습니다.

구분	아이의 상태	선생님께 알리는 범위
화장실 (1)	◇소변을 자주 보는 어린이	◇병원 치료와 병행하면서 수업시간에도 갈 수 있도록 선생님께 알리기
화장실 (2)	◇대변 후에 뒤처리를 잘하지 못하는 어린이	◇학교에서 누구도 도와줄 수 없으므로 스스로 잘하도록 가정에서 충분히 지도(일어나는 즉시 물을 마시고 변기에 앉아 있는 것을 보름 정도 매일 반복하면 아침에 대변보는 습관이 형성됨) ◇되도록 집에서 대변을 보고 등교하기 ◇대변이 속옷이나 몸에 묻을 경우를 대비해 여벌 속옷과 수건, 물티슈를 사물함에 두기 ◇실수를 했을 경우에는 부모님이 옷을 갈아입히는 것이 아이가 수치심을 느끼지 않고 심리적 안정에 더 도움이 됨
급식	◇식품이나 기타 물질에 알레르기가 있는 어린이	◇'학생 식품 알레르기 실태 조사 가정통신문', '학습환경조사서'에 건강상태를 기록하고 상담하기 ◇월별 급식 식단표에 알레르기 유발 식품이 안내되고 있으므로 등교 전에 아이에게 먹지 않도록 정확하게 지도하기 ◇여러 식품에 대한 알레르기가 있을 경우에는 가정에서 반찬을 별도로 준비해서 보내기
수면 (1)	◇아침에 늦잠을 자서 지각이 잦은 아이 ◇부모가 일찍 출근하여 혼자 늦잠을 자는 어린이	◇일찍 일어나도록 훈화 또는 아동상담을 담임선생님께 부탁드리기 ◇억지로라도 같은 시간에 물을 먹이고 변기에 앉히기를 보름 정도 매일 반복하면 대변 습관 때문에 일찍 일어나게 됨 ◇부모가 맞벌이인 경우이면서 자녀가 1, 2학년일 경우에는 학교의 '아침 돌봄 교실'을 신청하여 일찍 등교시키기 ◇등교 시간까지 등교를 못할 경우에는 담임선생님께 9시 이전에 전화나 문자로 알리기

구분	아이의 상태	선생님께 알리는 범위
수면 (2)	◇저녁에 늦게까지 자지 않는 어린이	◇일찍 잠자리에 드는 습관이 들도록 지도해 줄 것을 담임선생님께 부탁드리기 ◇잠자기 전에 스마트 폰이나 컴퓨터 화면 등 현란한 빛에 노출되지 않도록 함 ◇일찍 잠들 수 있는 분위기 만들기 ◇저녁 10시 이전에 잠이 들어야 성장 호르몬이 많이 나와 어린이의 키가 크게 자라고 건강에 도움이 된다는 것을 가정에서 지도하는 것이 바람직함
좌석	◇시력이 나빠서 칠판 글씨가 잘 보이지 않는 어린이	◇어린이들이나 학부모의 대부분이 교실 앞쪽에 앉기를 원하나 모든 어린이를 앞쪽에 앉힐 수 없음 ◇시력에 맞게 안경이나 렌즈 등을 착용하여 좌석 위치에 상관없이 수업에 집중할 수 있도록 해야 함
현장 체험 학습	◇멀미를 많이 하는 어린이	◇심한 경우에는 선생님께 알리기 ◇멀미를 하지 않도록 아침에 김, 튀김, 우유 등의 음식 먹이지 않기 ◇멀미약을 미리 먹이고 점심 먹고도 먹어야 되는 경우에는 아이에게 미리 가정에서 지도 ◇버스 안에서 속이 좋지 않을 경우에 검정 비닐 봉투를 입에 바로 댈 수 있도록 교육하기, 물티슈 준비시켜 주기

아이가 다치거나 아플 때
학교에서는 어떻게 대처를 하나요?

모든 학교에는 보건교사가 있습니다. 아이가 다치거나 아프면 담임 선생님은 즉시 보건실로 보냅니다. 초기 상황이나 보건 교사의 판단에 따라 보건실에서 처치를 하거나 가정에 연락을 해서 조퇴를 하게 합니다. 응급 상황 시에는 학교 근처의 의원, 종합병원 응급실 등에서 치료 받게 합니다. 부모와의 연락이 빨리 되어야 되므로 학교 전화를 놓치지 않도록 합니다. 그 내용을 표로 간략하게 나타내면 다음 페이지와 같습니다.

아이의 상태	학교의 처치 범위
◇열 ◇작은 상처	◇담임선생님이 아이를 보건실로 보냄 ◇미열일 경우에는 보건 선생님이 얼음주머니를 이마에 대고 쉬게 함 ◇작은 상처 부위는 소독 처치를 함 ◇고열일 경우에 부모에게 연락하여 병원 진찰을 받도록 함
◇복통	◇아침 식사를 하지 않거나 변비가 있는 아이들은 배가 아프다는 호소를 많이 하므로 꼭 아침을 먹이고 등교시키고 변비 치료하기 ◇소화 불량으로 판단될 경우에는 보건실에서 소화제를 먹이기도 함 ◇심한 복통일 경우에는 부모에게 연락하여 병원 진찰을 받도록 함
◇발치	◇치아가 흔들릴 경우에 담임선생님은 어린이를 보건실로 보냄. 보건 선생님이 발치할 수 있는 상태이면 보건선생님이 발치를 하고 잇몸의 지혈을 함 ◇간혹 공부시간이나 급식시간에 아동이 스스로 발치했을 경우에도 보건실에 보내서 잇몸 상태를 확인하고 빠진 치아는 휴지에 싸서 부모님께 갖다드리도록 지도함 ◇학교에서 발치하는 것보다 치과에서 진료를 받고 치과 선생님이 발치를 하는 것이 바른 치열, 잇몸 관리 등 건강 상 아이에게 좋음
◇골절	◇응급 처치를 한 후에 빠른 시간 안에 병원에 갈 수 있도록 부모에게 연락, 부모가 병원을 선정하여 데리고 가도록 함 ◇응급처치를 한 후에 부모와 연락이 되지 않거나 시급한 치료를 필요로 하는 경우에는 보건 선생님이 학교에서 가까운 병원에 아동을 데리고 가서 진료를 받게 한 뒤에 부모에게 인계함

③ 교시

학교에서도 항상 엄마, 아빠를 생각해요

집에서 보는 엄마, 아빠랑 학교에서 생각나는
엄마, 아빠는 참 다른 것 같아요.
친구들이 자기들 엄마, 아빠를 얘기할 때는
유심히 듣게 되죠. 가끔은 너무 부러울 때도 있어요.
하지만 나는 우리 엄마, 아빠가 세상에서 제일 좋아요.
엄마, 아빠도 제 생각하고 계시죠?

아빠가 여러 명인 영아

"선생님, 저는 아빠가 여러 명이에요."

"왜?"

"우리 아빠, 교회 목사님 아빠, 하나님 아버지, 게다가 우리 아빠는 이름이 두 개니까 아빠가 많잖아요?"

영아는 어휘력이 뛰어나고 동화구연과 역할극을 아주 잘하는 아이다. 내 곁에 오면 내 손을 만지작거리거나 볼을 부비거나 내 허리를 감싸는 등 적극적인 애정표현을 하면서 말을 걸고 궁금한 점을 묻기도 하였다. 그럴 때마다 나도 영아를 가슴에 꼬옥 안아주고 머리를 쓰다듬어 주면서,

"선생님은 영아가 우리 반에서 제일 좋아."

하고 귀에 속삭여 주었다.

1학년 입학식이 지난 어느 날, '나이스(Nice)'라는 정부 업무포털에 학급 아이들의 가족관계에 대해 입력을 하려는데, 영아 어머니가 보내 온 종이에 적혀 있는 아빠 이름과 전산에 나와 있는 아빠 이름

이 다른 것이 너무 이상했다. 그래서 영아 어머니를 학교에 오시게 했다. 얼굴이 하얗고 귀티 나는 영아 어머니는 교양 있는 목소리로,

"선생님, 종이에 적힌 아빠는 영아의 양아버지이고 전산 상에 있는 아빠는 진짜 영아를 낳은 친아빠예요. 저도 친엄마는 아니구요."

"???"

나는 무슨 말인지 몰라서 멍하니 바라보다가 물었다.

"그럼 현재 영아는 누구와 살고 있나요?"

"저랑 제 남편하고 살고 있어요. 영아는 저희들이 친부모인 줄 알고 있어요."

"그럼 친부모는요?"

"친아빠는 경제적으로 무능력자인데다가 술에 절어 살고 있고, 영아 친엄마는 어디 사는지 연락처도 몰라요."

영아 어머니는 이야기를 계속 이어갔다.

아주 오래 전 어느 날, 영아 아버지의 후배 한 명이 다급한 목소리로 전화를 했다.

"형, 나 예전에 사귀던 여자애가 아기를 낳았대. 난 지금 가 볼수가 없는 상황이니까 형이 형수하고 같이 좀 가 봐줘, 응? 지금 바로!"

두 부부는 영문도 모른 채 어느 산부인과로 달려갔다. 환자복을 입고 있는 약간 어려 보이는 여자는 누운 채 고개를 돌리고 있었고, 할머니로 보이는 분이 아기에게 분유를 먹이고 있었다. 아기는 태어난 지 3일째라 했고 엄마를 닮아서인지 얼굴에 허물도 없이 깨끗하고 아주 예뻤다. 부부가 친아빠 대신 문병 온 것을 알자 젊은 여자는 대뜸,

"저는 아기를 키울 마음이 전혀 없어요. 이 아기를 고아원에 맡기든지 어디 외국에다 입양해 버리든지 두 분이 좀 알아서 해 주

세요."

하고 아주 당돌하게 말했다.

영아 부모는 여러 가지 사정상 아기를 키울 형편이 되지 않았지만 거절도 하지 않고 바로 데려왔다. 그 이유는 아기를 낳아본 적이 없는 영아 어머니가 한 눈에 그 아기에게 반했던 것이었다.

영아 할머니의 강한 반대로 부부 앞으로 입양을 할 수 없게 되자 친아빠 앞으로 출생신고를 하고 영아 어머니는 다니던 직장도 그만두고 정성을 다해서 영아를 키우기 시작했다.

그리고 양부모라는 것을 다른 사람들이 아는 것이 싫어서 멀리 이사도 했고, 교회도 옮겼다. 두 사람은 직접 낳은 아기 이상으로 사랑을 쏟았고 영아는 건강하고 영특하게 잘 자랐다.

영아를 유독 예뻐해서 한 달에 한 번 정도 영아에게 책도 읽어주고, 성경도 가르쳐 주는 고마운 목사님도 계신다고 했다. 그러면서 영아 어머니는,

"선생님, 저는 시어머니가 반대하더라도 영아가 6학년이 되기 전에 꼭 입양을 하고 말 거예요."

라고 힘주어 말했다.

친아빠를 아빠의 후배인 줄로만 알고 있던 영아는 어느 날,

"선생님, 금요일 밤에 아빠의 어떤 후배 아저씨가 '빅뱅' 싸인을 받아 주었어요. 그리고 그 아저씨랑 우리 가족이랑 중국집에 가서 짜장면도 먹었어요."

하고 자랑을 했다.

영아는 영리하고 애교도 아주 많았으며 '사랑한다'는 내용의 쪽지 편지도 나에게 자주 주었다. 물론 부모님에게도 수시로 사랑표현과 감사표현을 해서 두 부부는 하루하루가 행복하다고 했다.

여자 아이들은 남자 아이들보다 부모나 선생님에게 칭찬 받으려는 행동을 일부러 하는 경향이 있긴 하지만 영아는 조금 과한 느낌

을 주었다.

무슨 행동을 하든지 인정받거나 칭찬 받지 않으면 도중에 꼭 눈을 맞추려고 애쓰고 일부러 가까이 와서 자신이 하고 있는 일을 알려주고 나의 반응을 확인했다.

이러한 점에 대해서 영아 어머니도 안타까워 했다.

"글쎄 말이에요, 선생님. 온갖 주변 분들로부터 사랑을 듬뿍 받고 자라는데도 태아일 때 사랑을 받지 못해서인지 지금까지 계속 그러네요. 그리고 아주 사소한 것도 매번 꼭 감사표현을 하는 게 아이 같지 않아서 가슴이 더 아파요."

영아는 다른 반 선생님들께도 싹싹하게 인사도 잘했고 심부름도 야무지게 잘해서 칭찬과 사랑을 많이 받고 학교생활을 했다.

그런데 영아의 아버지가 갑자기 암으로 세상을 떠났다. 다음 해 겨울방학 즈음에 영아는 전학을 갔는데, 전학을 가기 며칠 전에 교실에 와서 반짝이는 눈을 하고 종달새처럼 쉬지 않고 조잘거리며 자랑을 했다.

"선생님, 하나님 아버지께서 저를 정말 사랑해 주시나 봐요."

"좋은 일이 생겼나보네?"

"네. 우리 아빠가 돌아가시고 안 계시니까 정말 슬펐거든요. 그런데 다시 멋진 새 아빠를 주셨어요. 새 아빠가 계시는 아주 아주 넓은, 방 4개가 있는 아파트로 이사를 가요."

"어머, 축하해."

"벌써 예쁜 침대도 사고 멋진 책상도 샀어요. 거기서 엄마랑 나랑 새 아빠랑 세 명이 살 거예요. 우리 새 아빠는 이름이 한 개 뿐이래요. 그래서 저도 새 아빠 성으로 바꾸어야 된대요."

영아는 또 다른 새 아빠가 생긴 것이다.

'그래 영아야, 태내에서부터 받았어야 될 사랑을 새 아빠에게서도 듬뿍듬뿍 받거라.'

나는 따뜻한 눈빛으로 웃어주며 축하해 주었다. 녀석이 커서도 아빠가 여럿인 사실을 지금처럼 변치말고 당당하게 말할 수 있었으면 좋겠다는 생각을 했다.

아직은 복잡한 상황을 모르는 어린 아이기도 하지만, 영아가 건강하고 명랑하게 잘 자랄 수 있는 것은 오직 사랑, 부모와 주변의 사랑 덕분일 것이다.

아빠를 죽여 버릴 거예요

　　몇 년 전 일이다. 수업 중에 지웅이가 갑자기 의자를 집어 들더니 던질 기세로 다른 분단에 앉아 있는 지선이를 향해 눈을 부라리며 씩씩댔다. 근처 아이들은 놀라서 짧은 비명을 질렀고 놀란 토끼 눈으로 몸을 이리저리 피했다.

　　"나를 째려 보고 지랄이야!"

　　지웅이는 우연히 지선이와 눈이 마주치자 또 오해를 한 것이다.

　　나는 차분한 얼굴로 지선이에게 살짝 눈짓을 하고 짧은 미소를 지어 보였다. 그리고 불안해 하는 아이들을 향해 조용히 하라는 표시로 오른손 검지를 입을 댄 채 고개를 짧게 여러 번 끄덕이며 안심시켰다.

　　'제발 던지지만 말아라, 제발.'

　　이런 상황에서 교사가 당황하거나 야단을 치면 안전사고가 크게 날 수 있기 때문에 마음속으로 간절하게 빌었다. 화도 많이 나고 긴장이 되었지만 겉으로는 아무렇지도 않은 듯 얼굴 표정을 평온하게 지었다.

땀을 삐질삐질 흘리며 숨을 크게 들이켰다가 내쉬는 녀석에게 천천히 다가가 작은 소리로 말했다.

"지웅아, 화가 났는데도 의자를 던지지 않아서 고마워."

지웅이는 입술을 입 안으로 오므렸다가 침을 크게 삼켰다.

"지금은 공부시간이니까 화가 나도 조금만 참아 봐. 응? 수업 끝나고 선생님이 너 화난 것 해결해 줄게, 선생님 믿지?"

지웅이 눈에 눈물이 고였고 천천히 의자를 내려놓으며 팔뚝으로 눈을 쓰윽 훔쳤다. 책상에 엎드려 흐느끼기 시작한 지웅이의 어깨를 꼬옥 감싸주었다가 두드려 주고 나서 다시 수업을 이어갔다.

침울한 날의 지웅이는 눈이 마주친 친구에게는 째려본다고 욕과 함께 시비를 걸었다. 옆을 지나치다가 약간이라도 몸이 닿은 친구에게는 일부러 밀었다며 주먹질을 했다. 그러고는 바로 주변에 있는 의자를 들고 상대방을 위협하거나 교실 바닥에 집어 던지면서 공포심을 느끼게 했다.

아이들은 지웅이가 정상적인 마음 상태가 아니라는 것을 이해하면서도 분노 조절을 못하는 지웅이를 무서워했다. 지금은 학교폭력법이 매우 엄격하게 적용되어 이러한 지웅이의 행동 정도라면 학교폭력 대책위원회에서 다룰 문제지만, 그 당시에는 그저 '같은 반 친구'를 도와주어야 한다고 아이들을 다독거릴 수밖에 없었다. 지웅이를 무서워하다가도 지웅이가 진정되면 말을 걸어주고 어울려 놀려고 노력하는 우리 반 녀석들에게 고맙기도 하고 미안하기도 했다.

아이들이 모두 집으로 돌아간 뒤, 간단한 심부름을 다녀 온 지웅이를 칭찬하면서 자연스럽게 대화를 시작했다.

"지웅아, 아까 화난 것 참느라고 힘들었지?"

지웅이는 아까의 행동이 부끄러웠는지 고개를 약간 숙이고 말이 없었다.

"지웅이 어머니는 참 예쁘시더라. 바이올린을 등에 메고 엄마와 손잡고 다니는 걸 선생님이 몇 번 봤는데 참 보기 좋았어."

엄마 이야기를 꺼내자 지웅이가 낮은 목소리로 대답을 했다.

"네, 전 우리 엄마가 이 세상에서 제일 좋아요."

"아빠는?"

"제가 지금은 어려서 힘이 없지만 아빠가 노인이 되면 죽여 버리고 말 거예요."

나는 흠칫 놀랐지만 태연한 척하며 물었다.

"아하, 아빠가 많이 미운가 보네?"

"등 뒤를 칼로 찔러서 죽일 거예요."

지웅이의 결연한 표정에 섬뜩하기까지 했다.

"아빠 덕분에 악기도 배우고 수영장도 다니고 좋은 아파트에서도 살잖니?"

"……"

"아빠가 지웅이를 많이 때리시니?"

지웅이는 한참을 고개를 숙이고 대답을 않더니,

"어렸을 적에는 때렸지만 지금은 안 때려요. 그렇지만 엄마를 많이 힘들게 해요. 참을 수가 없어요."

라며 눈물을 글썽거렸다.

그 후 지웅이 어머니와 상담을 했는데 지웅이 어머니는 아무 일 아니라는 듯 웃음을 머금은 표정으로 모든 것을 극구 부인했고 심리 상담 권유도 받아들이지 않았다.

"호호호, 선생님. 지웅이가 왜 그런 말을 했을까요? 학교에서만 왜 그렇죠? 저희는 부부 사이도 좋고 집에서는 아무 문제도 없어요."

지웅이 어머니는 지웅이가 어릴 때부터 얼마나 착한 아들인가를 강조했다.

"가족 앞에서 바이올린 연주도 얼마나 잘하는데요. 우리 부부가 외출하고 없을 때 동생을 많이 때린다고는 하지만 형제간에 그럴 수도 있다고 봐요. 우리 지웅이는 아무 문제 없어요, 걱정 마세요, 선생님."

지웅이로 인해 학급 아이들이 겪는 고통에 대해서 아무런 미안함도 없었고 오히려 의아해 하며 당당하게 말하는 지웅이 어머니와의 상담은 그렇게 끝이 났다.

그 후 녀석은 문제 행동을 몇 번 더 일으키다가 졸업을 했고, 중학교에서도 똑같은 문제를 일으켰다는 소식을 들었다.

지웅이의 분노조절 장애 행동의 원인에 대해서는 여러 가지로 추측만 될 뿐이다.

지웅이의 아버지가 가족 모두에게, 또는 어머니에게 폭력을 휘두르는 경우일 수도 있다. 어쩌면 부모의 잠자리 장면을 지웅이가 보게 되어 아빠가 엄마를 괴롭힌다는 충격을 받았을 수도 있다. 또한 컴퓨터나 핸드폰, 드라마 속의 폭력 장면에 지웅이가 많이 노출되었을 수도 있다.

아니면 표현력이 강한 아이인데 무엇이든지 '안 돼'라는 억압속에 양육되었을 수도 있다.

많은 학부모들은 자녀의 정서적 문제점에 대해 담임 선생님이 언급을 하면 절대 인정하려 들지 않는다. 아이의 심리치료 사실이나 소아정신과 치료에 대해서도 담임 선생님에게 알리고 싶어 하지 않는다.

아이의 폭발하는 분노의 감정이 외부로 드러났을 때가 치유와 문제 해결의 기회인데 오히려 교사가 편향된 시각을 가졌다고 원망하고 화를 크게 내기도 한다.

아이들은 하루 중 많은 시간을 학교에서 지낸다. 친구들과의 여러 가지 상황에 다양하게 반응도 한다. 행동을 통해서, 말을 통해서,

표정과 눈빛을 통해서 아이는 자신의 숨은 마음을 드러낸다.

이러한 모든 변화를 지켜보고 아이의 정서 치료에 도움을 줄 수 있는 사람이 바로 아동심리학과 교육학을 공부하고 많은 실제 사례를 보아 온 담임 선생님이다.

아이의 분노가 폭발하지 않고 내면의 상처가 되어 쌓이기만 하면, 작은 마음의 상처도 큰 병이 된다. 시기를 놓치면 결국은 자살로 이어질 가능성도 높다.

아이의 상태가 더 심해지고서야 부모들은 통한의 후회를 하면서 내뱉는다.

"선생님, 그땐 왜 선생님 말이 귀에 들어오지 않았을까요."

청소년들의 자살이나 폭력 관련 뉴스를 볼 때마다 심하게 아파하는 아들의 상태를 극구 부인했던 지웅이 어머니의 웃음 띤 얼굴이 떠오른다.

엄마와 아빠가 아이의 마음을 잘 읽고 공감해 주어서 시기를 놓치지 않고 어떤 식으로든 잘 치유해 주었으리라 믿고 또 믿어본다.

칭찬의 달콤함

민규는 말이 없고 착한 아이였다. 청소도 잘하고 친구들하고 사이좋게 잘 지냈다. 어느 날, 채점 된 학습지를 나누어 준 뒤였다.

"자, 90점 이상 받은 사람은 앞으로 나오세요."

90점, 100점을 받은 아이들이 얼굴 가득 웃음을 머금고 발걸음을 텀벙텀벙, 고개를 좌우로 흔들며 칭찬표를 받으러 나왔다. 칭찬표 10개를 모으면 연필이나 사탕 1개를 선물로 받을 수 있었다.

그런데 민규가 당당하고 신나는 얼굴로 70점 받은 학습지 모음철을 쑤욱 내밀었다.

"70점인데?"

내가 눈을 동그랗게 뜨고 물었다. 민규는 한 장을 넘겨서 앞 장을 또 보여주었다. 거기엔 50점으로 되어 있었다. 나는 영문을 몰라서 또 물었다.

"여기는 50점인데?"

"선생님, 두 개 합치면 100점도 넘어요."

나는 터져 나오는 웃음을 참으며 잠시 망설였다가,

"어머, 정말 그러네. 민규가 120점이나 받았네! 어쩜 민규는 70 더하기 50이 100이 넘는다는 것을 다 알았니? 아직 덧셈도 안 배웠는데."

하고 칭찬표 1장을 주었다. 민규는 눈을 반짝거리며 씩씩한 발걸음으로 자리로 들어갔다.

4년 후 의젓하게 자란 민규를 다시 맡게 되었다. 1학년 때의 기억이 되살아나 웃음을 머금고 민규 시험지를 채점 때마다 눈여겨봤는데 국어, 수학 시험지 모두 늘 90점이 넘었다.

입학 당시에는 다른 아이들보다 뛰어나지 않았지만 공부도 잘하고 자신감 넘치는 아이로 자란 것을 보면 학교와 가정에서 칭찬을 많이 듣고 자랐다는 것을 알 수 있었다.

'칭찬은 고래도 춤추게 한다'라는 말이 있다. 사람을 긍정적인 목표로 이끄는 칭찬의 힘을 이보다 더 잘 표현할 수 있을까? 저학년이든 고학년이든 아이의 행동 변화 효과가 훨씬 큰 교육방식은 언제나 체벌보다는 칭찬이다. 칭찬을 받은 아이들이 마치 즐거운 춤을 추듯이 스스로 변화하는 모습을 참 많이 보아왔다.

다른 사람에게 자신의 생각을 논리적으로 잘 표현하는 진수는 국어나 수학 시험에서 실수가 많았다. 문제를 끝까지 읽지 않고 풀거나, 아는 답인데도 비워 두는 것이 많아서 70점 이상을 받아 본 적이 없었다.

그래서 녀석이 차분하게 문제를 푸는 것이 나와 진수 어머니의 큰 바람이었다. 어느 날, 60점인 수학시험지를 나누어 주며,

"어머, 이번 시험지는 굉장히 복잡하고 어려운 문제가 많았는데 차분하게 잘 풀었구나. 야아, 진수도 이제는 수학 문제 푸는 방법을 좀 알게 되었나 보네?"

나는 호들갑을 떨며 칭찬을 해 주었고 진수 어머니께도 연락을 했다.

시험지의 문제 중에서 정확한 답을 쓴 몇 개를 짚으면서 '함정이 있는 문제인데 차분하게 문제를 잘 읽어서 맞았구나.' 등의 구체적인 칭찬을 해 주라고 했다.

야단 대신 칭찬을 들은 진수는 그 후 점차 꼼꼼하게 문제를 읽는 습관이 들게 되었다. 그리고 친구들로부터는 공부 잘하는 아이로 인정받게 되었다.

단순히 '머리가 좋다', '똑똑하다', '예쁘다', '잘한다' 등 흔히 누구나 할 수 있는 쉬운 칭찬 대신 구체적인 칭찬이 내 아이에게 힘을 준다. 어떤 행동을 보였을 때 그 자리에서 즉시 해주는 칭찬이 내 아이를 기쁘게 한다.

집중시간이 짧고 덤벙대는 아이, 늘 자신감이 없고 쉽게 포기하는 아이, 짜증을 잘 내고 얼굴 가득 찌뿌린 인상만 쓰는 아이가 내 아이인가?

우선 칭찬부터 해라. 칭찬의 달콤함에 빠지면 끈기 있고 자신감이 넘치고 원만한 성격을 가진 아이가 될 것이다.

인기 많은 미현이

"선생님, 제가 뽑혔어요? 정말요?"

미현이는 폴짝폴짝 뛰며 기쁨을 감추지 못했다.

얼마 전, 생활지도와 상담 자료로 활용하기 위해 아이들의 교우 관계 등을 알아보는 질문지 조사를 했었는데, '앞으로 친해지고 싶은 친구는 누구입니까? 한 명만 쓰세요.'라는 항목에서 미현이가 남자 친구나 여자 친구들로부터 골고루 제일 많은 점수를 얻었던 것이다.

미현이는 입학 무렵에는 친구들과 자주 다투고 자기 마음대로 되지 않을 때는 울기부터 하던 아이였다. 모둠 활동에서도 미현이가 속한 모둠은 미현이의 고집 때문에 제대로된 활동을 시작하지 못하기 일쑤였다. 자연히 친구들이 멀어지고 미현이와 짝이 된 아이는 얼굴부터 어두워졌다.

그러나 미현이에게는 현명한 엄마가 있어서 참 다행이었다. 입학 후 처음 싸움이 일어났을 때 미현이 어머니의 태도는 자녀의 말만 듣고 흥분한 나머지 상대방 아이의 집이나 학교로 항의 전화부터 하는 학부모와는 달랐다. 싸움의 상황에 대해 담임 선생님의 말을 믿었고 친구들과 잘 어울리지 못하는 철부지 미현이의 태도를 고치는 방법에 대해서도 나에게 조언을 구했다. 미현이 아버지가 '무조건 선생님의 의견을 듣고 따르라'고 했다는 말을 전하면서.

부모가 맞벌이였던 미현이의 양육과정에서 아기를 돌보던 아주머니들이 자주 바뀌었고 미현이가 엄마와 떨어지지 않으려고 해서 매일 아침 출근길은 전쟁 같았다고 했다.

학교 입학을 하면서 직장을 그만 둔 엄마와 많은 시간을 함께 하기 시작했는데도, 친구들과 놀이터에서 놀 때 막무가내로 고집을 부리고 울고불고해서 학교에서의 행동이 훤히 보인다고도 했다.

지혜로운 미현이의 부모님은 나의 교육적인 조언을 잘 실천하여 친구와 다툰 후 울면서 집에 와도 상대방 아이에 대해 험담하거나 분노를 드러내지 않았다. 오히려 활동적인 미현이의 장점을 살려 친구들에게 잘할 수 있는 방법을 차근차근 가르쳤다.

예를 들면, 역할극에서 서로 주인공이 되겠다고 다툼이 생겼고 미현이가 자신이 원하던 역할을 맡지 못했을 때 집에 갈 때까지 이 아이는 눈물이 그렁그렁했다. 그때 미현 어머니는,

"미현아, 미현이는 목소리가 크잖아. 또롱또롱하게 말하면 아주 커다랗고 멋진 나무가 진짜로 말하는 것 같겠다. 너보고 나무를 맡으라고 한 철규에게 고맙다고 해야 되겠는 걸."

라고 말하면서 미현이에게 자존감을 심어주었고 모둠 친구들도 치켜세워 주었다.

다음 날 미현이는 생기발랄하게 등교를 했고 하루 종일 즐거운 마음으로 친구들과 사이좋게 지냈다. 미현이의 행동이 바람직하게 변할 때마다 나는 칭찬을 아끼지 않았다. 그러면 이 순수한 아이는 어깨를 으쓱하며 '우리 엄마가 친구들을 많이 도와주라고 했다'며 나에게 엄마 자랑을 했다.

부모의 지혜로운 양육 태도가 친구들을 배려하는 아이로 미현이를 변화시킨 것이었다.

친구들에게 인기가 많은 아이들의 공통점은 거짓말을 하지 않고 친절하다. 또한 자신감이 있으며 할 일을 제시간에 스스로 잘하는 아이들이다. 대부분의 교사들도 이렇게 인성교육이 잘된 녀석들이 더 사랑스럽다. 공부는 못하더라도 말이다.

고학년의 경우에는, 달리기를 잘하거나 춤을 잘 추는 남자 아이, 내숭떨지 않으면서 야무진 여자 아이가 제일 인기있는 친구로 뽑히는 경우가 많지만, 저학년이든 고학년이든 친구들에게 인정을 받는 아이들은 기본적으로 성격이 너그럽다. 공부를 잘하고 못하고는 별 영향을 끼치지 못한다. 많은 아이들이 성격이 좋은 친구와 짝이 되고 싶어 하고 친하게 지내고 싶어 한다.

아이들은 씻지 않아서 냄새가 나는 아이, 잘난 척 하는 아이를 싫어한다. 너무 얌전한 아이, 시도 때도 없이 남의 일에 간섭하거나 허위 내용, 또는 상관없는 일을 가지고 고자질을 잘하는 아이, 이기심이나 승부욕이 강한 아이도 싫어한다. 너무 융통성 없이 원리원칙만 따져도 매우 싫어한다. 아무리 공부를 잘하더라도 이러한 아이들은 친한 친구가 거의 없이 외롭게 지낸다.

부모들은 내 아이가 어디서나, 누구에게서나 사랑받고 인정받으며, 여러 친구들과 잘 지내기를 바랄 것이다. 공부가 중요하다고 여겨 영어, 국어, 수학 등 학습 면에서 선행 학습을 시키는 것 반만이라도, 다른 사람과 관계를 잘 맺는 방법에 대한 지도를 별도로 해야 된다는 필요성을 느꼈으면 하는 바람이다.

또래와 상호작용을 잘하는 아이들은 누구에게나 사랑도 받지만 언어 능력도 급속히 발달하고 감정 표현과 욕구 조절도 잘하게 된다.

치유 받아야 될 만큼 친구로부터 마음의 상처를 크게 받은 경험이 있지 않다면 친구와의 관계에서 문제가 생겼을 경우에 되도록 부모가 먼저 나서지 말아야 한다. 아이가 시행착오를 경험하고 스스로 해결하는 방법을 찾을 때까지 기다려 주어야 한다. 자신의 감정이나 욕구를 조절하여 남에게 잘 표현할 수 있도록 꾸준히 가르쳐야 한다.

사사건건 개입해서 모든 것을 해결해 줄수록 아이의 사회성 발달과 감정 조절 능력은 더뎌질 수밖에 없다. 지혜롭지 못한 부모는 어렵게 맺어 놓은 친구들조차 하나하나 가지치기를 해 버려서 내 아이를 더욱 외롭게 만든다.

인기 많은 아이는 못 되더라도 외톨이가 되게 하지는 말아야 할 것이다.

야동과 소녀

요즘 아이들은 인터넷에서나 핸드폰을 통해 남녀의 성(性)과 관련된 야한 동영상을 손쉽게 볼 수 있는 세상을 살고 있다. 평소에 얌전하고 모범생인 아이도 예외가 아니다.

어느 날, 혜성이가 얼굴을 붉힌 채 씩씩대며 말했다.

"선생님, 여진이가 제 키가 작다고 놀렸어요."

"뭐라고 했는데?"

"어른 고추보다 작은 자식이라고 했어요."

그 말을 듣는 순간 혜성이의 억울함을 풀어주는 것보다 얌전한 여진이가 어떻게 해서 그런 말을 하게 되었는지 알아보는 게 더 급해졌다. 일단 혜성이의 마음을 누그러뜨려야 했으므로 먼저 혜성이가 마음이 상한 것에 대해 공감해 주었고 여진이한테 확인을 해 보고 나서 해결해 줄 것을 약속했다.

확인해 보니 사실이었고 혜성이는 여진이가 하는 사과의 말을 듣고 용서를 해 주었다.

수업이 끝난 후에 여진이와 별도의 상담시간을 가졌다.

"여진아, 여진이가 아까 솔직하게 잘못을 인정해서 일이 빨리 마무리되었어. 고마워."

여진이가 말없이 고개를 푹 숙였다.

컴퓨터 프로그래머가 꿈인 여진이는 아빠와 여동생하고만 살고 있는 아이였다. 어느 날 일기에 엄마를 만나고 싶은 소망을 쓴 적도 있었다. 상담할 때는 우선 여진이의 마음을 여는 게 중요했다.

"엄마를 언제 마지막으로 만났니?"

"6살 때 엄마가 도망치듯이 집을 나가 버린 후에는 한 번도 만난 적이 없어요."

"아빠께 엄마를 만나고 싶다고 말해 봤니?"

"엄마가 아빠한테 잘못한 게 많다는 얘기를 들어서 말을 꺼낼 수가 없어요. 엄마 전화번호나 사는 곳을 아빠도 모르신대요."

"그럼, 대학생이 되면 여진이 힘으로 엄마를 찾을 수 있게 공부를 열심히 해야겠구나."

"네. 대학생 되면 제가 찾고 싶어요. 왜 저와 제 동생을 버리고 갔는지 꼭 물어보고 싶어요."

나는 한참동안 말없이 여진이를 꼬옥 안아주었다. 그러고는 이야기를 더 이어가면서 질문을 하기 시작했다.

"야동을 언제 처음으로 보았니?"

"1학년 때요."

여진이는 기어들어가는 소리로 말했다. 아빠가 빌려 놓은 DVD로 동생과 함께 보았는데 그때 남자의 벗은 몸을 다 보았다고 했다. 그 후에 2학년 때도 두 번을 더 보았다고 했다.

"요즘도 야동을 보니?"

"아니요. 세 번 보고나서는 재미없어서 안 봐요. 엄마 만나려면 공부도 열심히 해야 되니까요."

나는 여진이에게 마음과 뇌의 발달에 야동이 얼마나 나쁜 영향을 끼치는가를 설명을 해 주었고 보건 선생님과 학교 상담 선생님과도 상담을 해 보도록 했다. 다행히 미래의 꿈이 분명한 여진이는 나쁜 동영상에 물든 상태는 아니었다.

여진이 아버지께 이 사건을 알리느냐 마느냐로 보건 선생님, 그리고 상담 선생님과 함께 머리를 맞대었다. 왜냐하면 여진이 아버지의 교육관이나 인품에 대한 정보가 하나도 없는 상태에서 잘못 알렸다가는 여진이가 가정폭력의 피해자가 될 수도 있는 염려 때문이었다.

처음으로 학교를 찾은 여진이 아버지는 매우 점잖았고 엄마 없이 자라는 두 자매에 대한 애틋한 마음을 나타냈다. 아이들이 엄마를 그리워하는 줄은 몰랐다면서 만나볼 수 있는 방법을 찾아보겠다고도 했다.

여러 이야기를 나누다가 아이들이 접하기 쉬운 야동에 대해 조심스럽게 말을 꺼냈다. 여진이 아버지는 여느 부모처럼 자신감 있게 말했다.

"선생님, 그 점은 염려하지 않으셔도 됩니다. 우리 여진이는 아직 아기 같고 순진하잖아요."

여진이에 대한 믿음을 무너뜨릴 필요는 없었지만 야동 노출에 대한 위험성을 알려줄 필요는 있었다.

"네. 맞아요. 여진이가 아기 같고 순진하지요. 그렇지만 어른이 모르는 사이에 아기가 아닌 숙녀가 되어 있을 거예요. 여진이가 예쁜 숙녀로 자라도록 이상한 DVD나 인터넷에 노출되지 않도록 차단에도 신경 써 주세요."

그리고 바쁘시더라도 지금처럼 아이들과 대화하는 시간을 많이 가져 주실 것도 부탁드렸다.

더 많은 시간을 아이들과 함께 하겠노라고 약속하며 정중히 인사를 하고 교실 문을 나서는 여진이의 아버지께 굳은 믿음이 갔다.

수학왕 지선이

EBS의 다큐시리즈 '로마제국의 흥망성쇠(興亡盛衰)'를 감명 깊게 본 적이 있다. 이탈리아 반도의 테베라 강 유역에서 시작된 작은 공동체 로마가 광활한 영토를 오랫동안 지배할 수 있었던 배경에는 정확한 현실 인식과 유연함이 있었다. 즉, 그들은 침략 지역의 주민들을 지배한 것이 아니라 동등한 권리를 주고 더불어 살았기 때문에 오랫동안 제국의 영광을 누릴 수 있었던 것이다.

다큐멘터리에 등장하는 외국 학자들은 이제 한국은 다문화 사회라고 지적하면서 '단일민족'이나 '혈통'을 중요하게 여길 것이 아니라 174만 명 가까이 되는 외국인 주민들을 '함께 사는 같은 국민이다'라는 인식으로 바라보아야 한다고 조언하는 부분도 참 인상적이었다. 요즘 학교에서도 자신의 문화와 가치를 존중하는 것과 마찬가지로 다른 사람의 문화와 가치도 존중하면서 살아가도록 다문화교육을 지속적으로 하고 있기 때문이다.

피부가 까무잡잡하고 앞머리가 곱슬머리인 지선이는 다문화 가정의 아이다. 쌍꺼풀이 예쁘게 진 큰 눈을 가진 지선이가 가지런한 하얀 이를 드러내고 활짝 웃으면 마치 어린이 미스코리아를 보는 듯했다. 늘 웃는 얼굴에 키도 크고 날씬하고 공부도 잘하는 데다가 성격도 서글서글해서 모든 아이들이 좋아했다. 달리기도 잘하고 영어는 말하기와 듣기를 모두 잘해서 많은 아이들이 지선이를 부러워했다. 특히 수학시간에는 모르는 문제가 하나도 없는 듯 무슨 문제든 척척 풀었다. 그래서 '수학왕'이라는 별명이 붙었다.

지선이의 꿈은 외교관이었다. 공부를 열심히 해서 아빠 나라에 가서 도움을 주고 싶다고 했다.

어느 날 지선이 어머니가 상담을 하러 왔다.

"선생님, 혹시 우리 지선이가 놀림을 당하지나 않나요?"

걱정스런 얼굴로 물었다.

이렇게 인기가 많은 아이를 두고 그런 걱정을 하는 말이 그냥 인사치레로 들렸지만 그냥 넘길 수 없어서 왜 그런 질문을 하는지 물었고, 지선이 어머니는 약간 수줍어 하며 긴 이야기를 꺼냈다.

지선이 어머니는 산업연수생으로 한국에 온 지선이 아버지와 사랑에 빠졌다. 신랑감이 파키스탄 사람이라고 가족의 반대가 아주 심했다. 둘은 결혼식도 올리지 못하고 동거를 시작했다.

지선이와 지선이 여동생을 낳았지만 지선이 아빠는 아이들에 대해 아무런 관심이 없었고 가장으로서의 책임감도 없었다. 그 이유는 지선이 아빠가 피부색 때문에 직장이나 사회에서 언제나 놀림감이 되고 무시당한다고 느끼는 데다가 가난한 조국에 대한 콤플렉스가 아주 컸다고 했다.

모든 의욕이 사라진 남편과 갈등을 겪다가 결국 둘은 헤어졌고 지선이 어머니 혼자서 아이 둘을 키우고 있는데 가정형편이 넉넉하지 않았다.

지선이 어머니는 배움에 대한 한이 있어서 아이들을 잘 키우고 싶은 생각이 강했다. 그래서 텔레비전에 자녀 교육과 관련된 프로그램이 나오면 빠짐없이 보았다. 그리고 부모가 어떻게 해야 아이들이 바르게 잘 크는지에 대한 전문가들의 조언을 그대로 실천했다. 지선이가 영어로 말하기와 듣기를 잘하는 것도 아빠한테 배운 것이 아니라 매일 영어 방송을 보며 엄마와 둘이서 함께 배우고 연습한 덕분이랬다.

지선이 어머니는 잠시 울컥하는 목소리로 말했다.

"지선이가 유치원 때 피부가 검어서 흑인처럼 생겼다고 놀림을 많이 당했어요. 입학식 때 학교에 가지 않겠다고 발버둥을 치며 울었어요."

그런데 초등학교에 입학하면서 1학년 때 좋은 담임 선생님을 만난 것이 큰 행운이라고 생각한다며 말을 이어나갔다. 그 선생님 덕분에 곱슬머리 검은 피부의 아이가 아니라 '한국어 말고도 아빠 나라 말도 잘하고 공부도 잘하고 얼굴도 예쁜 지선이'가 되었다고 했다. 그래서 그 반 아이들은 아빠가 외국인인 지선이를 아주 부러워했다. 그 후로도 계속 훌륭하신 선생님들 덕분에 4학년까지 잘 다녔는데 이제 고학년되니까 외모가 다른 지선이를 바라보는 아이들의 시선이 바뀔 수도 있다는 생각에 걱정이 된다는 것이었다.

나는 지선이 어머니의 이야기를 다 듣고 나서 숙연해진 마음으로 두 손을 꼬옥 잡으며 말했다.

"이렇게 훌륭하신 어머니가 계신데 어찌 지선이가 영리하고 바르게 자라지 않겠어요. 지선이는 엄마 혼자의 보살핌만 받는 것이 아니라 교육전문가 엄마, 영어선생님 엄마, 든든한 아빠 같은 엄마의 보살핌을 모두 받고 있는 거예요. 고학년이지만 여전히 아이들이 부러워하는 지선이에요. 아무 걱정하지 마시고 힘내세요."

몇 달 후, 임대 아파트에 당첨되어서 전학을 가게 되자 지선이 어머니는 마지막 인사를 하러 왔다.

"선생님 말씀에 힘입어서 우리 지선이 잘 키울게요. 그 다음에
꼭 선생님 찾을게요."

젖은 눈으로 말끝을 흐리며 울었다.

나도 그녀를 꼬옥 안으면서 그때 꼭 만나자고 했다.

가끔 지선이 어머니가 안부 문자를 보내는데 여전히 지선이는 잘
자라고 있다.

지선이 아버지도 주위 사람들의 따뜻한 배려로 대한민국 국민의
자긍심을 가지고 든든한 지선이 아빠로 돌아왔으면 좋겠다.

지선아, 파이팅!

민준이의 캠핑

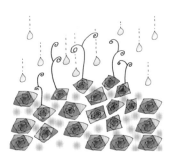

　5년의 근무를 마치고 다른 학교로 전근을 가게 되었다. 학년말 방학을 하는 날 아침, 4학년 아이들은 일찍 출근한 나보다 더 먼저 교실을 지키고 있으면서 들어오지 못하게 막았다. 한참을 교사 연구실에서 기다리다가 들어갔더니 장식 촛불로 하트 모양을 만들어 둔 교실 바닥 양옆으로 아이들이 늘어서서 나에게 박수를 쳐 주었다. 그렇게 내 자리에 앉자 이번에는 모둠별로 나와서 카드 섹션도 보여주고, 사랑을 주제로 교실에서 춤추는 장면을 찍은 동영상을 보여주고, '스승의 은혜' 노래를 불러주면서 1년 동안의 배움에 대한 감사의 마음을 정성껏 표현해 주었다. 그러고는 한 명씩 나에게 와서 각자 감사 인사말을 했다.

　"선생님, 감사해요. 다음에 꼭 찾아뵐게요."

　"선생님, 감사해요. 선생님 덕분에 공부가 재밌어졌어요."

　"선생님, 사랑해요. 커서 첫 월급타면 꼭 식사 대접 해 드릴게요."

　한 부모 가정이 많고 경제적으로 어려운 지역의 아이들이라 그런지 눈물을 글썽이며 헤어짐을 더욱 아쉬워했다. 그 중에서 민준이는 다른 친구들보다 더 많이 울었다. 나를 꼬옥 껴안고 내 가슴에 머리를 파묻고는 어깨를 들썩이다가 고개를 들고 나를 보며 눈물을 흘리며 말했다.

"선생님, 사랑해요. 저 정말 열심히 공부할 거예요. 선생님, 사랑해요. 저를 정말 사랑해 주셔서 감사해요. 선생님, 사랑해요, 사랑해요."

남자 아이임에도 큰 눈과 뽀얀 피부를 지닌 민준이는 재치있는 말로 친구들을 잘 웃겼고, 월요일이 되면 '아빠와 어디 놀러 갔다 왔다'는 등의 이야기를 유독 큰소리로 떠들었다. 그래서 민준이 어머니와 상담을 하기 전까지는 나는 녀석이 화목한 가정의 외동 아들인 줄 알았다.

민준이 부모는 민준이가 4살 때 이혼을 했고 지금은 외할머니댁에서 엄마와 함께 살고 있는데 아버지와는 헤어진 이후로 만난 적이 없다고 했다.

"민준이가 남자 아이이기 때문에 앞으로 점점 더 아빠와의 시간들이 필요할 거예요. 한 달에 한 번 만이라도 세 가족이 모두 만나거나 아빠와의 만남이라도 가지게 해 보세요."

라고 내가 권유하자 바로 민준이 어머니는 단호하게 말했다.

"민준이 아빠는 아들에 대한 생각이 눈곱 만큼도 없는 사람이에요. 아마 제가 부탁하고 또 부탁을 해야 될 거예요. 자존심 상해서 싫어요, 선생님."

"아이의 행동을 보면 아빠를 많이 그리워하고 있잖아요? 아들을 위해서 무슨 일인들 못할 게 뭐 있어요. 아이 입장에서 한 번 생각해 보세요. 어머니의 자존심을 조금만 버리시구요."

나는 민준이 어머니가 작은 소리로 "네"라고 말할 때까지 눈을 바라보며 대답을 기다렸다가 말을 이어갔다.

"아이는 자라는 동안 발달 단계마다 꼭 필요한 것이 있어요. 그 단계에서 만족하지 못한 것이 있다는 신호를 보인다면 그 다음 단계에서라도 메꾸어 주어야 돼요."

프로이드와 에릭슨의 아동 발달 이론을 함께 설명하면서 사춘기에 접어든 영리한 민준이를 지혜롭게 잘 길러 보자고 설득했다.

그 후 민준이는 아빠를 진짜로 만난 것 같았다.

어느 날, 어느 기업에서 아빠와 자녀의 1박 2일 캠프를 무료로 개최한다는 공문이 왔다. 민준이에게 가장 필요한 캠프라고 판단되어 '캠프 신청서'를 써 오게 했다.

신청서를 작성하는 방법에 대해 민준이 어머니가 물었을 때 나는 조금 입장이 난처해졌다. 왜냐하면 솔직한 상황을 써야 선정될 가능성이 많은데 아빠와 떨어져 지낸다는 것을 굳이 밝히고 싶지 않을 수도 있기 때문이었다. 그래서 특색이 없는, 기본적인 내용만 가르쳐주면서 자신 없게 대답을 했다.

그러나 그 다음날, 나는 민준이 아빠가 쓴 솔직한 신청서를 받아 보고 안도했다. 그 신청서에는 부모가 언제 이혼을 했고, 이혼 후 서로 어떻게 살아왔는지, 아빠가 얼마나 미안해 하면서 살고 있는지, 이혼하기 전에 가족 여행을 많이 했던 추억 등이 자세히 써져 있었다.

그리고 민준이의 신청서에도 엄마 모르게 아빠와의 시간들을 얼마나 기다려왔는지, 가족 세 명이 함께 여행하는 것이 소원이라는 것 등 모든 것이 솔직하게 적혀 있어서 가슴이 뭉클하였다.

진심이 통했는자 드디어 민준이네가 캠프 가족으로 선정되었고, 1박 2일간 아빠와 함께 시간을 보내고 온 민준이는 다른 어느 날보다 생기가 돌고 목소리에 힘이 들어가 있었다.

"민준아, 캠프는 어땠니?"

"선생님, 모든 활동이 재미있었지만 텐트에서 아빠랑 껴안고 잔 건 정말 좋았어요. 그리고 캠프 활동 마지막에 소감문 발표를 했는데 저희 아빠가 1등을 하셨어요."

"우와! 민준이 아빠는 컴퓨터를 잘 하신다던데 글 실력도 아주 좋으신 거구나."

"아빠가 소감 발표를 하실 때 목이 메어 글을 끝까지 못 읽으셨어요. 저와 아빠가 한참 동안 부둥켜 안고 소리 내서 엉엉 울었어요. 그래서 다른 분들도 우셨고요."

그 이후 녀석은 많이 달라졌다. 공부시간에 두 눈을 빛내며 집중을 했고 어떤 일이든 긍정적인 생각을 가졌으며 다른 사람을 더 많이 배려하려는 태도를 보였다.

가끔 주말에 있었던 일을 발표하는 시간에 아빠와 엄마의 사이가 좋다고 말하는가 하면 아빠처럼 훌륭한 사람이 되고 싶다며 얼굴 표정에서 행복한 감정을 그대로 드러내기도 했다.

3세에서 6세까지의 발달 단계에서 '자기 주도'라는 경험을 하지 못하면 죄책감을 가질 수 있는데, 이제 민준이는 그 시기에 채우지 못했던 아빠와의 관계를 뒤늦게나마 채워가면서 자존감이 높아지고 자기주도적인 태도가 더욱 길러졌던 것이다.

또한, 6세에서 12세까지의 시기에는 근면성의 경험인 읽고 쓰고 셈하는 인지능력 경험과 호기심을 자극할 다양한 경험이 필요한 시기이다. 이러한 경험이 부족하면 열등감 속에 묻히게 되는데, 민준이는 때마침 사회성 형성의 모델이 되는 부모와의 관계가 잘 이루어지게 되어 자신감이 더욱 길러질 것이 분명했다.

동물은 태어났을 때 거의 완성되어 있지만 사람은 태어났을 때 밀가루와 같다. 자라는 단계마다 어떤 알맞은 재료를 더해 근사하게 숙성시킬 것인가는 오로지 부모의 책임이다.

꼭 필요한 시기에 이루어진 부모의 지혜로운 화해로 민준이가 그윽한 풍미를 지닌 건강한 빵처럼 성숙될 것이라 확신한다.

양초 빛

　환하고 따뜻한 햇볕이 그리운, 비가 추적추적 내리는 날이면 향기가 나는 양초를 켠다. 거실 가득 라벤더 향이 스물스물 퍼지면 나는 작은 미소를 지으며 가끔 진주를 떠올린다.

　진주는 엄마와 단둘이 사는 아이였다. 진주 어머니는 혼자 힘으로 진주를 잘 키우기 위해 주중에는 직장에 다녔고 주말에는 옷 파는 가게에서 아르바이트를 했다. 그래서 진주에게는 주말이라는 것이 별 의미가 없었고 엄마와 함께 있는 시간을 애타게 그리워했다.

　어느 국어 시간, 갑자기 엎드려 우는 진주 주변에 하나 둘 씩 아이들이 모여 들었다.

　"선생님, 진주가 울어요!"

　모든 아이들의 시선이 진주에게 쏠렸다.

　그러자 진주가 울음이 섞인 알아들을 수 없는 말로 고함을 질렀고 교실은 한 순간에 소란스러워졌다. 어리둥절해 있던 아이들을 모두 제자리로 돌려보낸 뒤 나는 진주에게 다가가 아이의 어깨를 감싸며 귀에 대고 속삭이듯 물었다.

"진주야, 집에 무슨 일이 있니?"

진주는 눈물, 콧물 범벅이 된 얼굴을 소매로 닦으며 고개만 옆으로 흔들었다.

"그럼, 뭔가 속상한 일이 있구나."

녀석은 말없이 다시 엎드려 울기만 했다.

"진주야, 아까 뭐라고 큰 소리로 말하던데 뭐라 그런 거니? 선생님은 앞에 있어서 못 들었기 때문에 물어보는 거야."

그러자 진주가 고개를 약간 들고 악을 쓰듯 소리쳤다.

"양초 예약한 사람, 나한테 달라고 하지 마아!"

"아하!"

나는 어떤 상황인지 알아차리고 아이들에게 약간 근엄한 얼굴 표정을 지으며 말했다.

"진주한테 양초 예약한 사람은 손 들어봐요."

여기저기서 손을 들었다.

"선생님이 늘 말했죠. 남의 것 공짜로 절대 받지 말라고. 그런데 왜 진주에게 양초를 달라고 한 사람이 이렇게 많아요?"

손을 들었던 녀석들은 입을 불퉁거리며 억울한 듯 기어들어가는 소리로 말했다.

"제가 달라고 한 게 아니라 진주가 주겠다고 예약하라고 했어요."

"네. 그래요. 정말이에요."

나는 더 굵은 목소리로 말했다.

"선생님이 늘 말했죠. 다른 사람이 뭘 주겠다고 할 때 넙죽넙죽 받으면 안 된다고. 예약한 친구들이 양초를 언제 주느냐고 매일 물어보고 달라고 조른 거죠?"

녀석들은 나를 힐끗 보면서 고개를 숙였다.

"그 동안 진주가 얼마나 스트레스를 받았겠어요."

진주의 울음이 잦아 들어갔고 나는 약간 틈을 두었다가 다시 진주를 대신해서 이야기를 지어내서 말했다.

"본래 진주 어머니께서 양초를 많이 만들어서 예약한 모든 친구들에게 주려고 했어요. 그런데 갑자기 바쁜 일이 계속 생겨서 이제는 더 이상 만들 수가 없게 되었다고 전화가 왔었어요. 선생님이 미리 그 말을 여러분들에게 말해 준다는 것을 깜박해서 미안해요. 그러니까 예약한 사람은 자, 선생님을 따라 해 봐요."

녀석들이 나를 따라서 합창을 했다.

"나는 양초가 필요 없게 됐어."

"나는 양초가 필요 없게 됐어."

"그러니까 안 줘도 돼."

"그러니까 안 줘도 돼."

"진주야, 걱정 마. 사이좋게 지내자."

"진주야, 걱정 마. 사이좋게 지내자."

"그럼, 한 명씩 진주에게 가서 지금 말한 것을 그대로 말해 보세요."

긴 줄이 만들어져서 마치 신앙 고백을 하듯 한 명씩 차례대로 그대로 말했다.

진주는 고개를 들고 훌쩍이며 아이들을 쳐다보았다.

나는 더 고삐를 죄었다.

"진주가 알겠다고 대답하지 않은 것은 아직도 마음의 부담이 있다는 뜻이에요. 다시 한 번 더 분명한 목소리로 말하세요. 그리고 진주야, 이번에는 친구들에게 '알겠어'라고 대답을 해 주어야 해요."

녀석들은 '진주가 대답을 안 해 주면 어떡하나' 하는 긴장된 표정으로 또 차례차례로 가서 말을 했고 울음을 그친 진주는 한 명 한

명마다,

"알겠어."

라고 작은 소리로 대답해 주었다.

대답을 들은 녀석들은 안도의 한숨을 쉬기도 하면서 밝아진 얼굴로 자리로 돌아갔고 진주의 얼굴도 환해졌다.

그 얼마 전 어느 월요일, 진주가 엄마랑 같이 만든 건데 친구들에게 줄 거라면서 작은 양초 10개를 가지고 왔다. 물어보니 진주 어머니가 주말에 일을 가지 않아서 함께 만들었다고 했다.

아주 오랜만에 엄마와 함께 있었던 시간에 같이 만든 양초였으니 이 녀석에게는 얼마나 소중한 양초였을까. 친한 친구들에게 나누어 주었는데 인기 폭발이었고 받지 못한 아이들이 자기네들도 달라고 아우성을 쳤다. 진주는 예약을 받기 시작했다.

그런데 그 이틀 후부터 진주의 얼굴이 어두웠고 머리가 아프다거나 배가 아프다며 보건실에도 자주 갔다. 환절기라 감기에 걸리는 아이들이 많았으므로 나는 녀석이 감기에 걸렸나보다 했다.

그런데 여러 친구들이 '양초 언제 주느냐'고 매일 물어 본 것이 큰 부담이 되었다가 견디지 못하고 마침내 크게 폭발을 한 것이다.

약속을 꼭 지키려는 진주의 정직한 마음이 어느덧 큰 빚이 되었던 사건이었다.

과보호

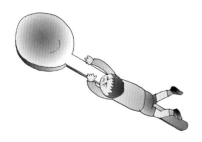

"선생님, 이거, 이거, 이거 중에서 뭐 먹어요?"

"다 먹어야죠."

"그런데 이 중에서 꼭 먹어야 되는 것은 뭐예요?"

"국물만 빼고 전부 다."

"야쿠르트부터 먹어요? 밥부터 먹어요?"

"재욱이 먹고 싶은 것부터 먹으면 돼요."

"야쿠르트는 어떻게 먹어요? 숟갈로 먹어요? 그냥 마셔요?"

"재욱이는 어떻게 먹고 싶니?"

"숟가락으로요."

"그럼, 그렇게 먹어요."

"김치를 국물에 씻어서 먹어도 돼요?"

"그럼. 그냥 먹어도 되고 씻어서 먹어도 돼요. 재욱아, 내일부터는 제발 묻지 말고 급식 받은 것 골고루 알아서 먹어 보세요. 응?"

몇 달 있으면 2학년에 올라가는 녀석이 매일 급식판의 반찬을 가리키며 묻는 질문은 거의 똑같다. 매일 되풀이 되는 대화라 나도 정성 없이 건성건성 대답한다. 다른 반 어떤 아이는 밥 먹을 생각을 하지 않고 손으로 반찬을 만지작거리며 장난만 치고 있다는데 이 녀석은 그에 비하면 성숙한 태도라며 스스로 위안을 했다.

그런데 많은 아이들이 급식시간에 하는 질문은 이것뿐만이 아니다. 바나나 껍질을 어떻게 벗기는지, 키위를 어떻게 먹어야 되는지, 사과를 언제 먹어야 되는지, 샐러드를 언제 먹어야 되는지 등을 매번 묻는다. 이러한 것들을 못 먹어 봤을 정도로 가정형편이 어려운 것이 절대 아닌데도 말이다.

야쿠르트 용기에 붙어 있는 은박지를 어떻게 떼어내는지 모르니 해 달라고 하고, 어떤 반찬을 젓가락으로 먹을지 숟가락으로 먹을지도 묻는다.

일일이 물어보고서야 하는 것은 급식 시간뿐만 아니다.

"자, 오늘 종이접기 한 것은 가방에 넣어 가서 부모님 보여드리고 집에 두세요."

"선생님, 가방 어디에 넣어요?"

이 질문이 여기저기서 터져 나온다.

"가방에 넣었을 때 구겨지지 않을 데가 어딘지 생각해 보고 넣어 봐요."

"비닐 파일에 넣어요? 알림장 사이에 넣어요?"

이것도 여러 명이 질문을 한다.

"여러분은 어디가 더 안전할 것 같나요?"

"비닐 파일요."

"그럼, 거기에 넣어요."

"알림장 사이에 넣어가도 돼요?"

"네. 넣어도 돼요."

처음부터 가방의 '어디에', '어떻게' 넣으라고 말하지 않은 이유는 하나에서 열까지 시키는 대로만 하는 것에 익숙해 있는 아이들의 태도를 고쳐보고자 함이었다. 입학 후 1년이 다 되도록 똑같은 질문을 하는 아이들이 많기에 인내심을 가진 나의 목소리는 절규에 가깝다.

"여러분, 여러분은 이제 아기가 아니에요. 유치원생도 아니에요. 조금 있으면 2학년이 돼요. 남에게 피해를 주는 일이 아니고 위험한 일이 아니라면 물어보지 말고 알아서 해도 된다고 선생님이 1학기부터 얼마나 많이 이야기를 했나요?"

중국의 외동아이를 빗대어 '황제'라고 부른다는데 지금의 우리 아이들 중에도 이에 못지 않게 친가, 외가 양 집안의 관심을 집중적으로 받으며 자라는 아이들이 많다.

이런 아이들은 모든 활동을 일방적으로 이끄는 부모의 계획과 돌봄 속에서 자란다. 게다가 가사 도우미인 '이모'가 가방 챙기는 것, 옷 입는 것, 밥 먹는 것 등 모든 것을 다 거들어 주는 아이는 무엇인가를 혼자서 해 볼 기회도 없다. 스스로 계획하고 결정하는 자기 결정력이 매우 부족한 것이다.

자리 주변의 교실 바닥을 개인용 미니 청소도구로 쓸라고 하면 어떤 아이는 청소도구를 양손에 잡고 책상 위를 부채질 하듯이 왔다갔다 하며 장난만 친다. 자리 밑에 가정통신문 종이가 떨어져 있고 쓰레기가 여기 저기 떨어져 있어도 스스로 치우는 아이는 손에 꼽을 정도로 드물다.

자리 주변을 깨끗이 하라고 하면 그 쓰레기나 종이를 발로 까딱하면서 다른 자리로 쓰윽 밀어 버리는 아이도 있다. 집에서 누군가가 다 해주었기 때문이다.

공부든 청소든 스스로 선택하고 계획하고 직접 경험해 봄으로써 문제해결 능력이 생기고 창의적인 생각이 향상된다. 아이가 선택했던 것이 비록 실패로 끝났더라도 오히려 역경을 이겨내는 힘도 길러진다.

운동화 끈 묶어보기, 책상 위와 책상 속 정리하기, 쓰레기를 빗자루로 쓸어서 쓰레받기에 담아보기를 해 본 경험이 많아야 한다.

그리고 떠들거나 장난치지 않고 깨끗하게 먹기, 바나나 껍질을 벗겨서 먹어보기, 반으로 자른 키위를 숟가락으로 먹어보기, 야쿠르트 용기를 열고 먹어보기, 180ml 종이 우유곽을 따서 먹어보기는 익숙할 때까지 스스로 많이 해 보아야 한다.

학교에서 1년 동안 가르쳐도 잘 되지 않는 것은 다 쓴 휴지와 물티슈를 쓰레기통에 버리기이다. 비닐과 플라스틱은 재활용 상자에 버리기, 종이는 따로 모으기 등도 학교 가기 전에 충분히 경험을 할 수 있도록 집에서 꼭 시켜 보아야 한다.

국어, 영어, 수학 등을 미리 가르칠 것이 아니라 스스로 해야 되는 생활 태도를 앞서게 가르치는 것이 더 중요하고 필요하다.

아이의 자기 결정력을 가로막는 가장 큰 장애물은 어릴 적부터 시작된 부모의 과보호이다.

문제아는 없다

"선생님, 우리 반에 장난꾸러기들이 많아서 힘드시죠?"

자녀 교육 상담을 하러 온 윤비 어머니는 안부 인사로 이 말을 하면서 자리에 앉았다.

"어느 반이든 다 그렇죠, 뭐. 아이들이 아직 아기들이니까 장난도 쳤다가 안 쳤다가 그러면서 자라니까요."

"준식이는 아주 문제아라고 엄마들 사이에 소문났어요. 학교에서 대단하다면서요?"

"문제아라고요?"

나는 '문제아'라는 말에 마음이 조금 언짢아져서 두 눈을 크게 뜨고 물었다.

"네에. 걔가 폭력적이잖아요."

"학교에서 폭력을 휘두른 적도 없는데 왜 그런 헛소문이 났죠? 학교 밖에서 폭력을 썼으면 벌써 항의가 들어왔을 텐데 그런 적도 없구요."

"어머, 그래요? 애들을 때린 적이 없다구요?"

이상하다는 듯, 믿지 못하겠다는 듯 계속 고개를 갸웃거리며 나를 한참 쳐다보았다.

윤비 어머니는 공부시간에 돌아다니는 준석이의 행동을 강조했지만 그것도 맞지 않았다. 저학년 아이 치고 공부시간에 돌아다녀 본 적 없는 아이가 몇이나 되겠는가.

그래서 나는 교사의 시선으로 보는 준식이에 대해 차분하게 말했다. 그 아이에 대한 소문이 진짜로 그렇게 왜곡되어 있다면 꼭 바로 잡히길 바라면서.

"준식이가 개구쟁이긴 하지만 얼마나 멋진 녀석인데요. 거짓말이나 변명을 절대 하지 않아요. 그리고 활발하고 시원시원한 성격이라서 웬만한 일은 개의치 않고 넘어 가구요. 자립심도 얼마나 강한데요. 아마 다음에 커서 큰 인물이 될 거라고 봐요."

윤비 어머니는 어색한 미소를 지으며,

"아, 네."

짧게 말하고는 윤비에 대한 상담을 조금하고 돌아갔다.

교사의 눈에 예쁘지 않은 아이가 어디 있을까. 잠시 힘들게는 하지만 모두 다 사랑스럽다. 다만 염려스러운 아이는 있다.

거짓말을 잘하고 변명만 늘어놓는 아이, 다른 사람의 단점만 찾아내며 모든 것을 부정적으로 생각하는 아이, 시키는 대로만 하는 것에 익숙해져 있는 아이, 이기적인 아이, 피해 의식이 너무 많은 아이, 등수나 점수에 연연하는 아이.

이러한 아이들은 '문제아'는 아니고 부모가 이성적인 눈과 지혜로운 마음으로 잘 관찰하며 키워야 한다.

착한 딸 증후군

단비 어머니는 아주 자랑스럽게 아이의 장점들을 말했다.

"선생님, 우리 단비가 2학년이지만 어른같이 의젓한 아이예요. 유치원 때부터도 엄마와 모든 이야기를 나눌 수 있는, 저에게는 꼭 여고시절 단짝 친구 같은 딸이에요."

한글을 두 돌 되기 전에 깨우쳐서 아기 때부터 책을 많이 읽었다고도 했다.

하지만, 단비는 어머니의 말과 달리 학교에서는 친구에게 말을 걸거나 대답을 하는 경우가 거의 없었다. 말하는 것이라고는 가끔 내 옆에 와서 질문을 하거나 또래에 비해 조금 고급 어휘를 사용해서 상황을 설명하는 것이 다였다. 다른 학습 활동에서도 야무지게 과제를 해 내지 못했고 속도가 아주 느렸다.

말이 너무 없다보니 친구들과도 어울리지 못했다. 놀이 시간에 다른 아이들은 교실 바닥에 돗자리를 깔고 여러 명이 어울려 재미있게 놀아도 단비 혼자 책상에 앉아 책을 보거나 그냥 앉아 있었다. 같이 놀게 해 주려고 해도 놀고 싶지가 않다고 했다. 점심시간에 아이들이 산책을 하고 뛰어놀아도 단비 혼자 조용히 교실에 앉아 있었다.

단비 어머니는 이런 상황을 다른 아이들과는 수준이 맞지 않아서 함께 놀지 않는 것이라고 해석했다.

나는 그 아이가 감정 표현이 미숙하다는 것과 자존감이 낮은 것으로 판단하고 그 원인을 생각해 보았다.

대체적으로 여자 아기들은 남자 아기들보다 어른에게 칭찬 받으려는 마음이 강해서 미소도 잘 짓고 예쁜 짓도 더 많이 하는 편이다. 이때는 아기의 감정을 잘 이해하고 공감해 주어야 한다. 그러지 못할 경우에 아기는 다른 사람과의 접촉을 두려워하게 되고 자기 자신에 대한 개념 형성도 어렵게 된다.

아마 이 녀석은 엄마에게 착한 딸로 보이기 위해 자신의 감정은 되도록 억누르고 엄마의 감정이나 기분에 잘 따랐나 보다. 아이의 수준에 맞지 않는 비현실적인 자신의 모습을 다른 사람으로부터 강요 당하며 자란 것으로 생각되었다.

나는 우선 단비에게 '속상했어', '기분이 나빠', '하기 싫어', '기분이 좋아' 등 자신의 감정을 다른 친구에게 정직하게 표현하는 훈련을 시켰다. 처음에는 친구에게 말을 거는 것 자체를 매우 두려워해서 단비는 말로 표현하지 않고도 할 수 있는 다른 방법은 없냐고 몇 번이나 나에게 물어 보았다.

그러다가 어느 날,

"선생님, 어제 청소시간에 철규에게 제가 뭐라고 뭐라고 했는데 잘못한 건가요?"

하고 물었다.

"뭐라고 했는데?"

"실은, 저, 으음. 철규가 저보고 자꾸 여기 쓸어라, 저기 쓸어라 하잖아요."

"철규가 여기 쓸어라, 저기 쓸라고 해서 단비가 마음이 상했겠구나."

"네."

"그래서 단비가 철규에게 뭐라고 했나요?"

"왜 나보고 자꾸 시키느냐고, 시키니까 기분 나빠서 못한다고 말했어요."

"어이쿠, 자알 했구나, 우리 단비. 그 다음엔?"

"철규가 저보고 하는 말이 '너가 빗자루를 들었잖아. 그래서 시키는 거야'라고 했어요. 그래서 제가 '너도 빗자루 들고 쓸어'라고 말했어요."

"야아, 정말 잘했는데. 그러니까?"

"그러니까 철규가 '싫어'라고 하길래 저도 '네가 싫으면 나도 싫어'라고 했어요."

"우와. 그 다음엔?"

"철규가 빗자루를 잡지 않고 다른 곳으로 가길래 '너는 여기 조금만 쓸어. 나는 저쪽까지 다 쓸게'라고 했더니 걔도 그러자고 했어요."

"와아. 단비가 하고 싶은 말을 철규에게 정말 잘했구나. 단비가 청소도 더 열심히 하면서 그렇게 뭐라고 뭐라고 한 것은 아주 잘한 거예요."

단비가 내 눈을 보면서 쑥스럽게 미소 지었다.

다음은 이 아이의 자존감 회복 작전이었다. 공부시간에 공부한 것을 칭찬도 해 주었지만 의도적으로 작은 심부름을 자주 시켰다.

단비가 자리에 앉아 있을 때는 출석번호를 부르거나 앞으로 나오라고 손짓을 하고, 내 주변에 서성거릴 때는 이름을 부르지 않고 그저,

"2반에 이것 갖다 드리고 올래?"

라고 했다.

심부름도 골고루 돌아가며 하는데 단비만 특별히 시킬 수가 없어서 일부러 단비의 이름을 부르지 않은 것이었다. 대신 단비의 눈을 보고 말했는데도 단비는 대부분 못들은 척하고 다른 쪽을 쳐다보았다. 그러면 나도 일부러 다른 데를 보며 심부름 할 사람을 찾는 것처럼 했다. 그러면,

"저 말이에요? 제, 제가 갔다 와요? 저보고 시킨 것 맞죠, 맞지요?"

이렇게 감격의 감정을 많이 억누르느라 조금 더듬거리며 말했다.

다른 아이들 같으면 자기가 심부름하면 안 되느냐고 묻기도 하고 심부름을 시키면 폴짝폴짝 뛰며 천진난만하게 행복한 기분을 드러내는데 단비는 그 감정을 숨기는 것이었다.

"단비야, 선생님이 단비 눈을 보고 말하면 단비 보고 말하는 거니까 네가 일부러 아닌 척하지 않아도 된단다. 심부름을 하고 싶으면 바로 '네, 선생님'하고 말하고, 하고 싶지 않으면 '이건 하고 싶지 않아요. 선생님'하고 말하거라."

나는 녀석에게 좋고 싫음을 분명하게 표현하라고 가르쳤다. 물론 단비가 심부름을 야무지게 잘해서 선생님은 안심이 된다는 칭찬과 함께.

선생님 심부름을 하기 싫은 아이가 어디 있겠는가. 단비는 조금씩 명랑한 목소리로 말했다. 친한 친구도 한 명 생겼고 내 손도 먼저 잡으려고 하는 등 서서히 변해 갔다.

흔히 부모님들은 아이들이 대답을 하면 말대꾸를 한다고 야단을 친다. 그런 일이 자주 반복되면 단비처럼 자신의 감정을 표현하지 못하게 된다.

자신의 감정을 바르게 표현하고 다른 사람의 감정도 잘 이해하는 아이가 마음이 건강한 아이다.

미움 대신 사랑을

버스 정류장 근처에 붙여진 '좋은 조부모 되기 교실'이라는 플래
카드가 눈에 들어왔다. 영·유아의 발달 단계에 따른 심리, 아기 체
조와 놀이 등의 문구에 호기심이 생겨 프로그램이 진행되고 있는 도
서관으로 들어가 봤더니 강당은 할머니와 할아버지들로 통로까지
꽉 차 있었다.

요즘 조부모들은 젊은 부모들 못지않게 인터넷이나 독서, 강좌
수강 등으로 육아에 대한 유용한 많은 정보를 가지고 있을 뿐만 아
니라 블로그나 카페, SNS 등을 이용하여 정보를 공유하기도 한다.

아이를 키우는 데 있어서 어르신들은 젊은 새내기 부모보다는
아이들과 눈높이를 맞출 줄 알고 아이 행동의 결과보다는 과정 위주
로 칭찬을 하며, 아이에게 늘 사랑 받고 있다는 느낌과 평온한 감정
을 심어주는 데 익숙한 경우가 많다.

할머니, 할아버지와 오랜 시간을 함께 지낸 아이들은 어린 시절
뿐 아니라 10대 청소년기까지도 자신이 가진 학습능력을 모두 발휘

하고 사회성이 매우 뛰어나다는 연구 결과도 있다.

그래서 젊은 부부들 사이에 친정 부모나 시부모가 근처에 살거나 같은 집에 사는 것은 '조부모 복'을 자녀에게 하나 더 갖게 하는 것이라는 이야기가 있다.

길에서 할머니나 할아버지가 손주 손을 잡고 다니는 모습을 보면 몇 년 전 3월부터 몇 달간 하루도 빠짐없이 학교를 찾아왔던 승환이 할머니와 할아버지가 떠오른다.

복도 창문 너머에서 승환이 할머니와 할아버지가 공부하고 있는 손주를 사랑이 가득한 눈으로 바라보고 있던 모습이 먼저 기억난다. 두 노인은 급식실까지 따라와 냉기가 도는 급식실 바깥 로비에서 추위를 참으며 승환이가 점심을 다 먹을 때까지 기다렸다.

승환이가 나오자 머리를 쓰다듬고,

"아가, 아가. 내 강아지."

하며 가슴에 품었다. 보온병의 따뜻한 물로 영양제 한 알을 아이한테 먹이고선 눈물을 글썽이며 운동장으로 내려섰다. 이렇게라도 하지 않으면 그분들은 손주를 볼 수가 없었다.

어느 날 승환이 할머니가 눈물을 닦으면서 승환이에 대한 이야기를 하셨다.

승환이 아버지는 두 어른의 희망이자 자랑이었다. 정성을 다해 키운 그 하나밖에 없는 핏줄이 똑똑하고 공부를 뛰어나게 잘해서 모두의 부러움을 샀다고 했다. 우리나라 최고의 대학이라는 S대학을 졸업하고 대기업에 취직도 쉽게 했으니 얼마나 자랑스웠을까.

그런데 중국에 출장을 갔다가 미모가 뛰어난 중국 여인과 사랑에 빠지게 되었다. 승환이 할머니와 할아버지는 두 사람의 만남을 극심하게 반대했다. 가장 중요한 이유는 우리나라 사람이 아닌 것이었고 그 다음은 그 아가씨가 중학교 졸업의 학력에다가 집안도 아주 가난했기 때문이었다.

중국 아가씨는 입덧이 심한 상태에서 승환이 아버지를 따라 한국으로 들어와 시댁에서 함께 살게 되었다고 한다. 두 노인은 몇 달간 온갖 구박을 했고 며느리로 여기지도 않았다. 그 여인은 말도 통하지 않는 이국땅에서 승환이를 낳기 전까지 말없이 구박을 견뎌냈다.

승환이가 태어나자 노부부의 마음이 풀렸고 승환이 어머니의 요구로 근처에 집을 얻어 분가를 시켰다.

하지만 그 후부터 승환이 할머니와 할아버지는 며느리에 의해서 아기에게 접근이 금지되어 명절이든 가족의 행사가 있는 날이든 손주를 볼 수가 없었다.

남편에게 자주 연락을 하면 이혼을 하고 아기를 데리고 중국으로 가버리겠다는 며느리의 말에 아들과의 연락도 여의치 않았다.

그러다가 승환이가 유치원에 입학했다는 소식을 듣고 어렵사리 손주가 다니는 유치원을 알아냈다. 며느리 몰래 유치원을 찾아가서 잠깐 얼굴도 보고 손도 잡아볼 수 있었다.

학교에 입학하고 나서 아이 편으로 영양제를 사서 보냈는데 며느리는 아이에게 그것을 절대 먹이지 않았다.

그래서 매일 넷째 시간쯤에 학교로 와서 손주가 공부하는 모습, 식사하는 모습을 멀리서 바라보았다. 안아보고 만져보고 영양제 한 알이라도 당신들 손으로 먹여야 목숨이 붙은 의미가 있다고 했다.

할머니와 할아버지를 대하는 승환이의 눈빛과 태도는 그리 살갑지 않았지만 그렇다고 싫어하는 표정도 아니었다.

그런 풍경을 날마다 보게 되는 우리 교사들의 마음은 착잡하기도 하고 안타깝기도 하고 슬프기도 하고, 그야말로 온갖 감정이 교차했다.

몇 달 후, 승환이는 갑자기 먼 학교로 전학을 갔다. 교실에 있는 승환이 물건을 챙기러 온 승환이 어머니는 다른 말은 하지 않고 딱딱한 표정으로 말했다.

"사정이 있으니까 새 학교를 시부모에게 알리지 말아 주세요."

그 다음날 손주를 보러 학교로 찾아 온 두 어르신은 하염없이 울었다. 친권자인 승환이 아버지의 허락 없이는 그분들에게 전학 간 학교를 가르쳐 줄 수 없었다.

무엇이 그토록 오랜 기간 동안 승환이 어머니의 가슴에 한으로 맺혔는지, 승환이 아버지는 왜 부모와 아내의 관계가 그 지경이 될 때까지 화해시키지 못했는지 생각하면 먹먹하기만 했다.

21세기형의 '고려장' 같은 이 가족의 모습을 보면서 자세한 사연을 알지 못하는 나로서는 어떠한 판단도 내릴 수가 없었다.

다만, 승환이 어머니의 가슴속에 맺힌 응어리가 빨리 풀리기를 바랐다. 증오와 미움 대신 가족이 서로 사랑하고 아끼는 환경에서 승환이가 자랐으면 했다.

지금은 어떤 상황인지 알 수는 없지만 승환이 할머니와 할아버지가 그토록 주고 싶어 하는 그 따뜻한 '조부모 복'이 녀석에게도 벌써 갔으리라 믿고 싶다.

학구 위반

아이들을 모두 집으로 보내고 책걸상이 삐뚤빼뚤 되어서 어수선해진 교실을 정리하고 있었다. 무척 어두운 얼굴을 한 어떤 어머니 한 분이 그 어두움을 살짝 감추려는 듯 짧은 미소를 띠며 교실 뒷문을 조금 열고 얼굴만 안으로 들이밀면서 쭈뼛거렸다.

"저어, 저. 안녕하세요? 선생님. 저 명수 엄마예요."

"아, 예. 어서 들어오셔요. 무슨 일이 있으신가요?"

"선생님, 실거주지 조사 때문에 드릴 말씀이 있어요."

라고 운을 뗀 명수 어머니는 이야기를 이어 나갔고 나는 조용히 이야기를 들으며 가끔씩 고개를 끄덕였다.

명수네는 강북에 살다가 자녀 교육 때문에 강남으로 이사를 왔는데 돈이 없어서 아주 작은 원룸 오피스텔에 살고 있다는 것이었다.

"선생님들이 실거주지 조사를 나오시면 너무 누추해서 깜짝 놀라실까봐 걱정이 되어서요. 그렇지만 위장전입은 절대 아니에요."

나는 미소를 지으며 실제로 주소지에 살고 있는 것이지만 확인하는 거니까 염려하지 말라면서 안심을 시켰다.

서울 강남구 중에서도 대체로 값비싼 아파트에 둘러싸인 우리 학교는 전 학년 모두 학급당 인원이 다른 학교의 두 배에 가깝다. 그래서 우리 학교의 학급당 재적수에 대해서 몇몇 신문사에서 기사화하기도 했다.

모 신문의 학부모 인터뷰 내용에 따르면 이 지역은 학교 주변의 저층 아파트가 재개발되어 고급 아파트들이 들어서게 되었고 그때부터 부유층이나 전문직 종사자들이 들어와 살게 되었다고 한다.

주변에 여러 초등학교가 있음에도 굳이 우리 학교에 입학시키려고 하는 것은 어릴 때부터 좋은 인맥을 엮어 주려는 학부모들의 욕심이고 그 욕심으로 인해서 과밀학급이 된 것이라는 내용의 인터뷰도 이어졌다.

우리 학교 학구(學區) 안에서 집을 구하지 못한 학부모들은 '위장전입'이라는 편법을 쓰기도 하는데 그 방법의 기상천외함에 깜짝 놀랄 정도이다.

실제로는 인근 학교의 학구에 살면서 아파트 분양 현장에서 보는 부동산 '떴다방'처럼 우리 학교에 다닐 수 있는 아파트를 몇 개월 간만 임차하는 방법을 쓰기도 하고, '위탁판매상'처럼 노인들만 거주하는 아파트에 매월 10만원 정도의 돈을 주며 방 하나를 아이 방으로 꾸며 실제로 사는 것처럼 속이는 경우도 있다.

한동안 떠돌았던 '할아버지의 재력, 엄마의 정보력으로 대학에 합격시킨다'라는 우스갯말처럼 우리 학교 학구 지역에 있는 조부모댁에 주민등록만 하는 방법을 쓰기도 한다.

위장 전입한 가정에서는 아이가 친구들이나 담임 선생님께 실제 살고 있는 주소를 말해 버릴까봐 신주머니 속에 주민등록상의 주소지를 적은 쪽지를 넣어 보내기도 한다. 그래서 친구나 담임 선생님이 어디에 사냐고 물어보면 아파트 이름과 동, 호수를 기억하지 못하는 아이는 복도에 있는 신주머니 속의 종이를 꺼내 와서 더듬거리며 읽기도 한다.

그런데 이러한 현상은 강남 안의 우리 학교 주변에서만 일어나는 것이 아니고 주택가와 아파트가 섞여 있는 지역이나 임대아파트가 있는 곳 등 어디에서나 일어나는 현상이다.

오직 어미가 원하는 곳으로만 새끼 몬스터들을 이리저리 끌고 다니면서 무리한 요구도 서슴지 않는 자기중심적인 엄마들을 일컫는 '몬스터 맘'이라는 신조어가 있는데, 좋은 학교를 찾는다는 명분으로 위장전입을 감행하는 부모들도 이런 신조어의 범주에서 벗어나지는 못할 것 같다.

이 '몬스터 맘'들은 실거주가 아닌 것이 드러나도 '초등학교 학구 위반을 제재할 법적인 근거가 있는가?'라며 당당하게 항의한다.

아이들에게 좋은 학구란 무엇인가? 학급당 인원이 적고 학생을 위한 특별교실 등의 시설이 많으며 정서적으로 안정된 가정에서 자라고 있는 학생들이 많이 있는 곳이 좋은 학구이다.

'대학, 학벌, 인맥이 내 자식을 행복하게 해 줄 것인가?'

자녀 교육에 대한 진정한 고민과 목표의식이 없는 학부모에 의해서, 그 자녀는 어릴 때부터 편법과 거짓이 몸에 배게 되는 것이다.

지금의 아이들이 어른이 되었을 때는 인맥, 학연으로 연결된 사회에서 활동할 세대도 아니다. 초등학교 때 만들어진 인맥이 어른이 되어서도 계속 유지된다는 보장이 없지 않은가.

더군다나 거짓주소를 외워서 친구와 선생님께 거짓말하는 것부터 배우는 아이가 과연 좋은 교육을 받고 있는지 생각해 볼 일이다.

아이의 마음 밭에 거짓의 씨앗이 심어져 있는데 지혜롭고 건강한 열매를 기대할 수 있을까.

한글과 영어 사이

"10칸 공책 꺼내세요."

아이들은 부스럭거리며 각자 책가방에서 공책을 꺼내서 책상 위에 올려 놓았다. 그런데 정호는 입을 불퉁 내밀고 나만 껌벅껌벅 쳐다보고 있었다.

"정호야, 오늘 또 공책을 안 가지고 왔니?"

"네."

정호는 기어들어가는 소리로 대답을 하였다. 아이들은 모두 정호를 쳐다보며 킥킥거리며 수군댔다.

"쟤는 맨날 공책 안 가지고 와."

"어제도 안 가져왔잖아."

정호는 고개를 푹 숙였다.

준비물을 잘 챙겨오지 않는 아이는 아직 스스로 자기 물건을 잘 챙기지 못하거나 부모의 무관심으로 방치 상태인 경우가 많다. 안타까운 생각이 들어서 야단은 치지 않고 공책처럼 인쇄된 A4용지를 정호에게 한 장 주었다. 내가 칠판에 1에서 50까지 숫자를 쓰자 아이들은 정성스럽게 공책에 옮겨 쓰기 시작했다.

수업이 끝날 무렵에 정호의 알림장에 '정호가 며칠째 10칸 공책을 가지고 오지 않아요'라고 적어 주었다.

그러나 그 다음날도 공책을 꺼내라고 하자 정호는 불안한 눈빛으로 나를 보더니 눈에 눈물이 그렁그렁하며 고개를 떨구었다.

'알림장을 보셨을 텐데……'

아무래도 이상해서 정호의 가방을 열어 보았더니 거기에는 분명히 10칸 공책이 들어 있었다.

"정호야, 선생님이 지난 번에 이게 10칸 공책이라고 가르쳐 주었잖니? 그런데 왜 없다고 했을까?"

정호는 큰 눈을 껌벅이며 힘없이 고개를 까닥까닥했다. 그래서 정호 알림장에 '정호가 학용품 이름을 정확하게 모르는 것 같으니 가정에서도 지도 부탁드린다'는 내용을 적어 주었다.

오후에 정호 어머니로부터 전화가 왔다.

"선생님, 정호 엄마예요. 정호가 5살부터 7살까지 영어 유치원만 다녔어요. 유치원에서 배운 영어를 잊어버릴까봐 집에서도 되도록 영어로 말하도록 했거든요."

"네에."

"매일 준비물을 빠짐없이 챙겨 보냈는데 공책이 없다고 했다니 하도 기가 차서 아까 정호한테 물어보았어요."

"아, 네에."

"정호가 뭐라 그랬는지 아세요, 선생님? 노트북(notebook)은 아는데 공책은 몰랐다고 해요. 어이구, 참 어이가 없죠? 연필은 펜슬인데 어떻게 알아듣고 필통에서 꺼내 썼나 모르겠어요."

정호 어머니는 민망한 듯 헛웃음이 섞인 말을 하다가 전화를 끊었다.

아이의 발달 단계에 맞지 않는 영어 교육의 결과가 이렇다면 애써 보낸 영어학원은 일부러 비용과 시간을 들여서 의사소통에서 기본이 되는 유아 시기의 말하기, 듣기 교육의 기회를 아이한테서 빼앗은 꼴이 되고 만다.

아이들이 학교에 입학하기 전인 만 3세에서 만 6세까지는 많은 지식정보를 주입해 주는 교육이 아니라 종합적이고 다양한 사고를 할 수 있는 체험 교육을 해야 하는 시기이다. 즉, 다른 사람을 배려하고, 사회성을 배우고, 독립심을 키우고 자신감을 가질 수 있는 여러 가지 체험을 하게 해 주어야 한다. 왜냐하면 판단하고 사고하는 능력과 관련이 있는 대뇌피질의 전두엽은 이 시기에 집중적으로 발달하기 때문이다.

영어 유치원에서 실제 공책을 정호가 만지고 탐색하면서 '공책'이라는 한글 단어도 배우고 'notebook'이라는 영어 단어도 함께 배웠다면 이러한 어려움을 겪지 않았을 것이다.

또한 그때 공책이 많이 있는 문구점에 데리고 가서 많은 대화를 나누는 체험의 기회를 가졌다면 더 없이 좋은 교육이었을 것이다.

"어머, 정호야, 여기는 공책 종류도 많네. 정호가 유치원에서 배운 노트가 여기 있네. 이 중에서 어느 공책이 제일 좋니?"

"저는 저기 저거 로봇이 그려진 공책이 좋아요."

"그래, 정호는 로봇을 좋아하는구나."

"네, 엄마."

"힘을 잔뜩 주고 서 있는 파란색 로봇을 정호가 좋아하는구나."

"네, 그런데 3,0,0은 300원이라는 거지요?"

"어머, 정호는 숫자도 잘 읽었구나. 맞았어요. 이 공책은 한 권에 300원이에요."

"엄마, 저 공책은 스프링이 있어요."

"그래, 하얀 스프링이 있네. 어머, 안에 줄이 없고 도화지처럼 하얗구나. 이건 '종합장'이라고 쓰여 있네. 학교 가면 이런 공책을 '도화지 종합장'이나 '스프링 종합장'이라고 부른다더라."

"이 도화지 종합장에 그림을 그리고 싶어요."

엄마와 아이가 함께 공책을 고르면서 위와 같은 대화를 했으면 얼마나 좋았을까. 엄마와 대화하는 과정을 통해 'notebook'이라는 소재로 한글 공부, 숫자 공부, 계산 공부, 색깔 공부 등 다양한 활동이 모두 가능해지는 것이다. 이것 뿐인가? 아이가 느끼게 될 엄마와의 친밀감, 그것으로 인해 높아지는 자존감과 자신감은 무엇으로도 바꿀 수 없을 것이다.

잘못된 상상

경민이는 공부 시간이고 쉬는 시간이고 자리에 앉아 있지를 못했다. 이리 저리 돌아다니면서 친구 몸을 손가락으로 찌르거나 팔꿈치로 툭툭 치고 다녔다. 그래서 하루에도 여러 명의 아이들이 경민이가 괴롭힌다는 하소연을 했고 그때마다 녀석을 타일러도 소용이 없을 정도였다.

그런데 어느 월요일 아침, 경민이가 등교하자마자 내 앞에 펼친 알림장에 경민이 어머니가 적어 보낸 편지는 전혀 뜻밖의 내용이었다.

공부도 잘하고 사려 깊으며 모든 면에서 모범적인 미영이에 대한 것이었는데 1학년 아이의 행동치고는 조금 심각한 것이었다.

선생님, 지난 토요일에 미영이가 운동장 구석에서 우리 아이를 무릎을 꿇리고 손을 들고 있게 했어요. 미영이는 겉으로는 얌전한 것 같지만 유치원때부터 여자 깡패였어요. 수업 후에 찾아뵙겠습니다.

너무나 뜻밖의 일이었기에 놀란 가슴을 누르고 미영이와 경민이를 불러서 확인을 했다. 경민이는 미영이가 그랬다고 하고 미영이는 놀란 눈을 하고 토요일에 학교에 오지 않았다고 울음을 터뜨렸다.

그러다가 경민이만 따로 불러서 다시 물었더니,

"미영이가 저보고 글씨를 못 쓴다고 한 적이 있거든요."

하며 고개를 푹 숙였다. 이 말 또한 사실이 아니었다.

수업이 끝난 후에 집으로 돌아간 미영이 말을 들은 미영이 어머니는 황당해 하며 하소연을 하러 학교에 왔다. 경민이 어머니도 분노에 찬 얼굴로 나를 찾아왔다. 두 어머니는 공교롭게도 복도에서 만나게 되어 고함을 지르고 뺨을 때리는 몸싸움이 일어났다.

미영이 어머니한테는 한 시간 후에 다시 학교에 오라는 양해를 구하고 경민이 어머니와 마주 앉았다.

알림장에 적어 보낸 내용이 사실이 아니었다고 경민이한테 확인했다고 말해 주었다. 그런데 경민이 어머니는 그 말을 믿지 않았다.

"미영이가 또 때릴까봐 겁이 나서 경민이가 그런 거예요."

그 말을 듣고 나는 바로 학급 아이들의 생활지도 기록공책과 매월마다 자신을 괴롭힌 적이 있는 친구 이름 등을 적어내는 쪽지상담 종이를 보여 주었다.

생활지도 기록공책에는 친구를 괴롭혔던 자신의 행동을 아이들이 연필로 직접 쓰고 끝에 자기 이름까지 쓰게 했는데 거의 대부분이 경민이가 적은 것이었다. 쪽지상담 종이에는 학교에서나 학교 밖에서 경민이가 때렸다는 내용뿐이었다.

그것을 본 경민이 어머니는 또 믿지 않았다.

"경민이가 얼마나 소심하고 착한 아이인데요. 친구들을 때릴 아이가 아니에요. 오히려 우리 경민이가 학교 갔다 오면 아이들이 괴롭힌다고 매일 울어요. 그리고 미영이가 우리 경민이를 유치원 때부터 얼마나 괴롭혔다구요."

그러면서 이런 내용을 증언해 줄 우리 반 어머니 두 명이 있다고 자신있게 말했다. 그래서 나는 순규와 만석이 어머니께 전화를 걸어서 이유는 밝히지 않고 교실로 당장 와 달라고 했다.

두 분은 무슨 영문인지도 모르고 허겁지겁 교실로 들어와서 경민이 어머니 옆에 앉았다. 학급에서 경민이가 아이들로부터 괴롭힘을 당하고 있다는 사실을 구체적으로 말해 달라고 내가 부탁을 드리자 그 두 분의 얼굴이 벌게지며 어이없다는 표정을 지었다.

"선생님, 저희들은 경민이 어머니를 만난 일도 없고 전화로도 한 번도 이야기를 나눈 적도 없어요. 정말 기가 차네요."

경민이 어머니가 변명처럼 무슨 말을 하려고 하자 그 두 분 어머니가 노려보았고 경민이 어머니는 고개를 숙였다. 두 분을 먼저 돌려보내고 나서,

"경민 어머니, 미영이에 대한 오해가 다 풀리셨지요? 그리고 경민이가 친구들과 잘 지낼 수 있도록 가정에서 잘 지도해 주시기 바랍니다."

라며 화난 감정을 숨긴 채 상냥하게 말했다.

경민이의 유치원 생활에 대해서도 알아보니 경민이가 여러 아이를 괴롭혀서 어머니들의 항의가 많았다는 것이었다.

그날 오후에 교감 선생님이 교무실 앞에서 울고 있던 경민이 어머니를 발견하고 상담을 하고 나서 나에게 메시지를 보내셨다.

최선생님,

경민이가 학급에서 억울한 일을 많이 당하는데도 담임 선생님이 그것을 알아주지 않아서 경민이 어머니가 매우 속상해 하십니다. 심각한 민원이 생기지 않도록 학부모 상담 및 아동지도를 부탁드립니다.

나는 씁쓸한 마음을 억누르고 그간의 일을 증거 자료와 함께 보

고서를 작성해서 교감 선생님께 드렸다.

정확한 상황이나 증거를 믿지 않고 잘못된 상상 속에 갇혀 사는 그녀가 참 안타까웠다. 아마도 경민이 어머니는 아주 예전에 자신이 입었던 어떤 피해를 해소하지 못한 채 어른이 되어 그 보복 심리가 행동으로 나타나는 것이 아닐까 하는 생각이 들기도 했다.

세상을 바라보는 엄마의 따뜻한 감성과 긍정적인 태도가 아이를 밝고 곱게 키우는 데 얼마나 큰 힘이 되는가. 경민이 어머니가 이 쉬운 방법을 하루 빨리 깨우쳐서 사랑스런 경민이를 잘 키우기를 간절하게 바랄 뿐이다.

수행평가의 구체적인 기준과 성적 반영 방법이 궁금합니다.

수행평가는 교과목의 단원 학습목표에 따라 그 해의 학년 선생님들이 구체적인 기준을 정하고 수업시간의 태도 관찰, 보고서나 과제 제출, 실기, 지필 평가 등 다양한 방법으로 평가합니다. 대부분의 학교에서는 '잘함', '보통', '노력요함' 등의 3단계로 통지표에 표기합니다.

매 학년 1, 2학기 초에 '학년별 수행평가안내 가정통신문'이 나가고 학교 홈페이지의 공지사항란, 가정통신문란, 또는 양식 다운로드란 등에도 게시됩니다.

알림장에는 학급별 구체적인 평가 내용과 일정이 안내됩니다. 알림장을 제대로 적어오지 않거나 선생님께 알림장 검사를 받지 않고 집으로 오는 어린이는, 알림장에 매일 자녀에 대한 칭찬 글을 부모가 적어주며 대화하는 것도 좋은 방법입니다.

알림장을 정확하게 쓰고 선생님께 꼭 검사를 받고 오도록 가정에서 지도하는 것과 더불어 부모님이 가정통신문과 알림장을 매일 확인하는 것이 수행평가에 대한 정보를 아는 데 매우 중요합니다.

최초로 생리를 하게 되는 여자 어린이들을 위해 학교에서는 어떤 교육을 하나요?

발육이 빠른 여자 어린이의 경우, 2학년이나 3학년부터 생리를 시작하기도 합니다. 성조숙증이 있을 경우, 학부모가 담임 선생님에게 알려주어야 그 아이에게 필요한 지도를 할 수 있습니다.

4학년이 되면 남녀 어린이들을 대상으로 남녀의 몸의 구조가 다르다는 것을 포함해 다양한 성교육을 담임 선생님과 보건 선생님이 협력하여 지도를 합니다.

그 내용을 표로 간략하게 나타내면 다음 페이지와 같습니다.

성교육 내용	남학생	여학생
생리	◇생리의 의미와 여학생이 생리를 하는 이유 ◇여학생이 생리를 할 때의 심리 상태 ◇사랑과 가족의 의미 ◇성폭력 예방교육	◇생리를 하는 이유 ◇성폭력 예방교육 ◇미래에 '엄마'가 될 수 있는 자격에 대한 자부심 가지기 ◇피임의 의미 ◇사랑과 가족의 의미 ◇생리대를 착용하는 방법 ◇생리대 처리 방법 ◇생리할 때의 청결 ◇생리할 때의 심리 상태와 몸가짐 ◇임신이 가능하므로 자신의 몸을 깨끗하고 소중하게 다루기
몽정	◇몽정을 하는 이유 ◇몽정을 했을 때의 처리 방법 ◇몽정을 했을 때의 심리 상태와 몸가짐 ◇미래에 '아빠'가 될 수 있는 자격에 대한 자부심 가지기 ◇자신의 몸을 소중히 다루기 ◇사랑과 가족의 의미 ◇성폭력 예방교육	◇몽정의 의미와 남학생이 몽정을 하는 이유 ◇남학생이 몽정을 했을 때의 심리 상태 ◇성폭력 예방교육

④ 교시

약속을 통해
세상을 배워가는
아이들

초등학교는 어쩌면 약속에 대해서
배우는 공간일지도 몰라요.
어떨 때는 그게 전부인 것 같기도 하죠.
선생님이 학생에게, 학생이 선생님께,
선생님이 부모님께, 부모님이 선생님께...
그 약속의 과정 속에서 서로 우왕좌왕하기도 하지만,
그러면서 아이들은 매일 성큼성큼 자랍니다.

줄 종

　10여 년 전, 내가 1학년 담임을 할 때 갓 입학한 아이들이 고사리 같은 손으로 직접 알림장을 쓰기 시작하던 즈음이었다.

　줄이 그어진 종합공책을 꺼내라고 했더니 다른 아이들은 모두 그 공책을 꺼냈는데 미환이가 흰색 종이쪽지와 아주 작은 금속 느낌의 종 2개를 슬며시 내밀었다. 직장을 다니는 그 아이의 어머니가 직접 쓴 편지의 내용은 다음과 같았다.

선생님!

줄종이 인근 문구점에는 없어서 그것을 구하려고 토요일 오후부터 일요일 내내 대형마트, 남대문 시장, 동대문 시장 곳곳을 다 돌아다녔어요. 그런데 어디에도 낱개로 된 종은 많않는데 '줄종'은 팔지 않는다고 해서 이걸 사서 보냅니다. 실로 묶어서 보낼까 하다가 우선 보내봅니다.

선생님 정말 죄송합니다.

미환 엄마 드림

나는 의아해 하면서 그 아이의 알림장을 보았다.

'아뿔싸!'

그 아이의 알림장에는 동그라미도 없고, 가운데 점도 없이 그냥 '줄종 2개 가져오기'로 되어 있었다.

그 전 주의 등교하는 토요일이었다. 1학년 아이들인지라 집에 가서 알림 내용을 제대로 전달하지 못할 수가 있으므로 몇 가지 알림 내용 중에서 줄이 그어진 스프링 종합공책을 직접 보여 주며 그것을 가져오라고 설명을 해 주었다.

"여러분이 낱말을 길게 쓰느라고 손이 아플 수가 있으니까 알림장을 쓸 때에만 낱말을 줄여서 써 주겠어요. 앞으로 줄인 말은 동그라미 안에 씁니다. 알겠어요?"

"네, 네, 선생님!"

아이들은 눈동자를 반짝이며 야무지게 대답했다.

그래서 '줄이 그어진 스프링 종합공책'을 줄여서 '⟨줄•종⟩ 가져오기'라고 써 주면서 또 한 번 확인을 하였다.

"이게 무슨 뜻이지요?"

"줄이 있고 스프링으로 된 종합공책을 가져오는 것이요."

아이들은 큰 소리로 또록또록하게 대답하였다.

그렇게 강조하며 알림장 내용을 아이들에게 가르쳤건만 이런 일이 발생하다니! 알림장 검사를 하면서도 그것을 발견하지 못한 내 탓이었고 사전에 학부모들에게 줄여서 쓰는 말에 대해 자세히 알리지 못한 내 탓이었다.

내가 가지고 있던 '줄이 그어진 종합공책' 한 권을 그 아이가 사용하도록 하였고, 아이의 어머니께 사과 내용의 글을 알림장에 써서 보냈다.

그때부터 나는 저학년을 담임할 경우에는 학부모에게 줄인 말에 대한 설명을 꼭 해주게 되었다.

몇 년 전, 어떤 1학년 선생님이 알림장에 '수학 익힘'을 '수·익'으로 적어주었다가 한 학부모가 '1학년인데 국어 낱말을 제대로 가르치지 않는다'는 내용으로 교무실에 민원을 넣었다.

그 일이 계기가 되어서인지 1년 내내 그 학부모는 교무실 또는 교육청으로 다양한 이유를 들어 그 선생님을 대상으로 여러 번 민원을 넣었다. 교사로서 한계를 느낀 그분은 굉장히 힘들어하다가 다음 해 3월에 결국 스스로 퇴직하고 말았다는 소식을 들었다.

요즈음은 아이들 뿐만 아니라 어른들도 문자나 SNS에서 줄인 낱말을 사용하거나 낱말을 초성으로만 표현하기도 한다. '부끄럽다'를 '부끄'라든지 '하하하'를 'ㅎㅎㅎ', '알았다'를 'ㅇㅇ' 등으로 쓰는 것이다. 이렇게 하는 것은 우리말의 아름다움을 살리지 못하고 글자의 기능을 망가뜨릴 수 있으므로 권장할 만한 것은 아니다.

초등학교에서는 알림장 등에 아래의 표처럼 간혹 단어를 줄여서 적는 경우가 있다.

정확한 낱말	줄여서 쓴 낱말	정확한 낱말	줄여서 쓴 낱말
듣기·말하기·쓰기	듣·말·쓰	생활의 길잡이	생·길
바른 생활	바·생	사회과 탐구	사·탐
슬기로운 생활	슬·생	창의적 체험활동 워크북	창·체·북
즐거운 생활	즐·생	가정통신문	가·통

'주간교육활동 안내'에는 학급별로 그 주의 필요한 교과서 이름, 학습 내용, 학습준비물 등이 안내된다. 하지만 알림장에도 적어 주어야 되는 내용이 많은 날에는 아직 연필 쥐는 힘이 부족한 아이들을 배려하느라 위와 같이 줄여서 적어 주는 것이다.

자녀를 처음 학교에 보내는 학부모들은 '학부모'라는 첫 경험을 하는 데다가 예전의 학교와 달라진 요즈음 학교의 여러 가지 상황 때문에 긴장되는 경우가 많을 것이다.

주간학습이나 자녀의 알림장을 보고 이해가 되지 않는 내용이 있거나 상담할 내용이 있다면 그 내용을 가장 잘 알고 있는 담임 선생님에게 알림장에 쪽지글 형식으로 묻든지 문자나 교실로 전화를 해서 물어보면 된다.

모든 선생님들은 학생들이나 학부모들에게 친절한 선생님으로 기억되길 원한다.

가지와 산가지

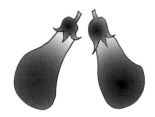

　　몇 년 전 1학년 수학시간, 아이들이 가방에서 빨대 묶음, 이쑤시개 묶음, 문구점에서 파는 플라스틱 '묶음 낱개 세트' 등을 책상 위에 늘어놓았다. 그런데 지은이는 몸을 책가방 쪽으로 구부려 손을 가방에 넣은 채 눈을 이리 저리 굴리며 짝의 얼굴 한 번, 다른 분단 친구들 얼굴 한 번씩 번갈아 가며 보고만 있었다.

　　"자, 수학 준비물을 다 꺼냈나요?"

　　"네, 네, 선생님."

　　"지은아, 지은이도 가져온 것 올려놓으세요."

　　지은이는 조금 당황해 하면서 매끈한 보랏빛 가지 1개를 슬그머니 꺼내 놓으며,

　　"엄마가 이거 가져가라고 했어요."

　　기어들어가는 목소리로 말했다.

　　"으하하하" 웃는 아이, 손으로 지은이를 가리키며 킥킥대는 아이, "산(算)가지가 가지래"하며 놀리는 아이들로 교실은 순식간에 소란

스러워졌다.

'아뿔싸!'

나는 상황을 얼른 알아차리고,

"자자, 여러분. 선생님을 보세요. 어제 선생님이 지은이 어머니께 색깔이 제일 예쁜 가지 1개만 보내 달라고 했어요."

라고 했다.

교실은 조용해졌고 아이들은 부러운 듯 지은이의 가지를 쳐다보았다.

"어머, 지은아. 정말 예쁜 가지를 가져 왔구나."

지은이에게서 가지를 받아서 실물 화상기로 비추며 색깔과 모양에 대해 짧게 공부를 했다. 그러자 지은이는 머쓱한 듯 눈만 멀뚱멀뚱하다가 차츰 자랑스러운지 입을 야무지게 다물고 고개를 갸웃거리며 어깨를 으쓱했다.

학교에 따라서는 교육청에서 지원되는 학습준비물 예산으로 '묶음과 낱개' 학습용 교구들과 도화지, 색종이 등 다른 학습준비물을 갖추어 놓기도 한다. 또한 수학교과서 뒤쪽에 수학 학습에 필요한 자료들이 인쇄되어 있는 경우도 있다.

그 당시에는 이도 저도 아닌 상황이어서 알림장에 '산가지'를 적어 준 것이다. 1학년에게 한자 '算'을 설명해 주다가는 교실이 더 혼란스러워지니까, "산이라는 글자는 계산한다라는 뜻이다"라고 설명을 해 주었다. 그리고 '산가지'라는 것은 '산(算)'이라는 한자와 '가지'라는 우리말이 합쳐진 글자라고 칠판에 크게 써 주며 강조까지 했다.

그렇지만 나의 설명을 아이가 이해하지 못했거나 장난치느라고 잘 듣지 못했을 수도 있었다. 그리고 아이의 성격이나 가정 분위기에 따라 부모에게 제대로 전달이 되지 않았을 경우도 있고 부모가 자녀의 설명을 들었어도 이해를 못할 경우도 있었으리라. 지은이도 아마 그랬나 보다.

비록 가지에 대한 설명으로 위기를 잘 벗어났지만 잠시나마 친구들의 놀림감이 된 지은이에게 미안한 마음이 컸다.

실내화 이야기

"선생님, 저어, 제가 신주머니를 가지고 왔는데 어떻게 해요?"
"오늘은 복도에 걸어두고 현장학습을 가고 내일은 복도까지 와서
신발을 갈아 신도록 하세요."

현장체험 학습을 가는 날에는 신주머니를 들고 오지 않는다고
가정통신문과 알림장에도 며칠에 걸쳐서 계속 안내를 했다. 전날에
는 큰 소리로 외치게까지 하였건만 깜빡 잊은 남석이가 울상을 지으
며 안절부절이었다. 학교 현관에서 교실까지 오는 동안 실내화를 신
어야 되지만 종일 신주머니를 들고 다니며 현장체험 학습을 할 수는
없는 것이었다.

학교에 따라 실내화를 신주머니에 넣어 들고 다니기도 하고 학교
에 두고 다니기도 하는데 둘 다 장단점이 있다.

수업이 끝난 후에 바로 학원을 가거나 외부 활동이 많은 아이는
집에 돌아갈 때까지 신주머니를 들고 다니면 불편할 수 있다. 반면,
신주머니를 들고 다니면 학교 현관에서 실내화로 갈아 신으므로 복

도나 교실에 흙먼지가 적다. 실내화를 복도에 두고 다닐 경우에는 아이들이 번거롭지 않은 반면, 복도나 교실에 흙먼지가 많다. 또한 방과 후 프로그램에 참여하는 경우에는 활동을 마치고 다시 자기 반 교실 앞까지 갖다 놓아야 하는 불편함이 있다.

하얀 실내화만 있던 예전에 비해 요즈음은 칼라 실내화도 있고 나비, 리본 등 장식이 달린 신발도 있다.

발이 작은데도 큰 신발을 신은 아이는 걸음걸이가 엉거주춤하다. 작은 신발을 구겨서 신고 다니거나 고무 슬리퍼를 신고 다니는 아이들도 있다. 이럴 경우 신발 뒷부분이 뒤꿈치를 감싸지 못해 발목이나 무릎에 오는 충격을 충분히 흡수할 수 없어 성장기 아이들의 건강에 좋지 못하다.

겨울이 되면 바닥이 매끈한 동물 모양의 털실내화를 신고 오는 아이들이 있는데 대부분의 학교에서 금지하고 있다. 이 신발을 신은 아이들의 대부분이 스케이트 타듯이 양쪽 다리를 번갈아가며 비스듬히 길게 끌면서 다니거나 한 명은 앉고 한 명은 서서 썰매를 타는 장난을 많이 치기 때문이다. 그러다가 계단 턱에서 미끄러져 큰 사고가 날 수 있고 화장실이나 세면대 주변의 바닥에 물이 있을 경우에는 뒤로 넘어질 수도 있다. 바닥의 물이 털에 묻으면 위생적으로도 좋지 않다.

간혹 부모가 너무 바빠서 빨아주지 못할 경우에는 몇 달 동안 꾸질꾸질하고 냄새나는 실내화를 그대로 신고 다니기도 한다. 주말마다 자기 실내화는 아이 스스로 빨도록 지도하고 있지만 잘 지켜지지 않는 모양이다.

양변기가 없는 학교 화장실도 많아서 실내화에 오물이 튀기도 하고 바닥에 실례를 하기도 하는데 그런 것들이 다 실내화에 묻을 수가 있다. 이런 실내화와 바깥 신발을 함께 보관하는 실내화 주머니 속은 그야말로 위생상태가 엉망일 수 있다.

장난기가 많은 녀석들은 신주머니를 계단 옆 창문 밖으로 던져서 지나가던 아이를 다치게 하기도 하고 높이 던지는 장난으로 나무 가지에 걸리게도 한다. 장난으로 빙빙 휘둘러서 옆에 있던 아이의 얼굴을 때려 학부모 간 싸움이 일어나는 일도 있다.

갈탄 난로나 양은 도시락처럼 신주머니나 실내화가 이 아이들에게 추억의 학교 물건으로 떠올려지는 날이 언제나 올까.

깨끗한 화장실이 딸려있는 교실이 있고 복도나 교실 바닥 모두 난방이 되어 실내화가 필요 없는 학교를 꿈꾸어 본다.

좋은 책가방이란

몇 년 전에는 여행용 가방처럼 끌고 다니는 책가방이 유행한 적이 있었다.

우리 반에서 현지가 제일 먼저 그 책가방을 샀다. 등 뒤에 매는 것보다 손으로 끄는 것이 더 편했는데 계단에서 문제가 생겼다. 그 가방에는 어깨에 매는 끈이 없었던 것이다. 등교하던 친구들과 땀을 뻘뻘 흘리며 함께 들어 올리려 애를 쓰다가 쉽지 않자 아이들이 나를 데리러 왔다.

집에 갈 때도 그 가방을 끌고 계단을 내려가다가 사고가 날 수 있어 내가 들어 주어야 했다. 집에 갈 때마다 선생님이 책가방을 들어주는 것이 부러웠던 여러 아이들이 엄마를 졸라서 그 책가방을 산 모양이었다.

그 후, 아이들이 안전하게 계단을 내려가게 지도해야 되는 일은 뒤로 밀려 버렸고 여러 개의 책가방을 양손으로 들고 내려가는 나의 안전을 더 신경 쓰게 되어버렸다. 며칠 그러다가 도저히 안 되겠다

싫어서 그런 류의 책가방은 다른 용도로 사용할 것을 학부모님들께 조심스럽게 안내했던 기억이 난다.

얼마 전, 모 회원제 창고형 할인점이 30% 할인된 수입산 가죽 책가방을 39만 9천원에 판매하는 광고를 비판하는 내용의 기사를 읽었다. 서민들도 아무런 부담 없이 고가의 책가방을 구입할 수 있는 것처럼 보이게 했다는 이유였다.

설령 그 가죽 가방이 싸다고 해도 학교에서는 실용적이지 않다. 아이들은 우유를 가방에 쏟기도 하고 물통 물이 가방 안에서 새서 흥건히 고여 있기도 한다. 물에 약한 가죽 가방은 우리나라의 현실에서는 책가방으로 적합하지 않다고 생각한다.

아이들의 손이 수시로 닿는 책가방 안은 늘 청결해야 하므로 적어도 한 달에 한 두 번씩은 물에 씻어 말리는 것이 좋다.

고학년은 방수 천으로 된 배낭 비슷한 가방을 많이 사용하는데 저학년은 모양이 반듯한 것을 많이 사용한다. 남자 아이들은 군청색이나 검정 등 차분한 색의 책가방을 많이 들고 다니고 여자 아이들의 책가방은 빨강, 분홍 등 화려한 색이 많다.

가방은 위쪽에 고리가 있는 것을 사야 한다. 가방 때문에 통로가 좁아지고 가방 끈에 걸려 넘어지는 사고가 자주 발생한다. 그래서 등교하자마자 가방을 책상 옆면에 달려있는 U자 모양의 쇠고리에 건 후에 안쪽으로 돌려놓는다. 뻣뻣하고 크기가 작은 고리는 어른인 나도 책상 쇠고리에 끼우기가 매우 힘들기 때문에 부드럽고 길이가 조금 긴 것이 꼭 필요하다.

요즈음은 대부분 교실에 교과서를 두고 다니므로 크기가 큰 가방은 무겁기만 할 뿐이다. 어깨 끈이 잘 만들어진 가벼운 가방, 언제든지 빨아서 쓸 수 있는 가방, 길고 튼튼한 고리가 있는 가방이면 된다. 우리나라의 교실 환경에 맞지도 않고 비싼 가방은 아이에게 불편함만 줄 뿐이다.

부모가 정성스럽게 준비해 준 책가방을 매고 쫄래쫄래 학교를 오고가는 녀석들의 가방 속에는 아름다운 꿈과 밝은 희망이 담겨 있다.

필통 소동

　공부시간에 필통으로 장난을 치던 수환이와 아름이에게 주의를 주었다. 축구 게임을 할 수 있도록 만들어진 필통을 가져온 수환이 곁으로 쉬는 시간마다 아이들이 몰렸다. 공부시간에도 아이들은 수환이 쪽을 쳐다보느라 집중을 하지 못하였다. 공부시간에도 선생님 몰래 게임을 할 수 있는 수환이 짝 아름이를 부러워했다.

　"선생님. 수환이가 저만 축구게임 하지 말래요."

　축구게임 허락을 받은 대기자가 많다 보니 거기에 끼지 못한 홍림이가 울면서 하소연했다.

　연필을 담을 수 있으면서 게임도 할 수 있는 축구 필통을 사준 수환이 부모님은 특이한 것이라 사 준 것이었지만 아이들을 종일 그것 때문에 들떠 있었고 홍림이처럼 마음의 상처를 입는 친구까지 생긴 것이다.

　나는 다정한 목소리로 수환이에게 말했다.

　"수환아, 그 필통은 집에서 사용하고 내일부터는 다른 필통을 사

용해야 된다고 엄마께 말씀 드리거라. 그 이유는 수환이가 잘 알
지?"

녀석은 힘없이,

"네."

하고 대답했다.

"선생님, 할머니가 제 생일이라고 이것 사주셨어요."

2층으로 된 버스 모양의 필통을 자랑하며 흔드는 채윤이는 종일
할 일은 하지 않고 필통 속 물건들을 이렇게 넣어봤다 저렇게 넣어
봤다 하느라 공부는 뒷전이었다. 자석 뚜껑으로 필통을 열었다 닫
았다 하니 '똑딱 똑딱' 소리가 났고 수업시간 중에는 그 소리가 더
크게 들렸다. 그 필통으로 장난을 치고 있는 것이 부러워 주변의 아
이들 시선도 그 필통으로 쏠렸다.

"채윤아, 그 필통은 선생님한테 맡기세요. 내일부터는 다른 필통
을 가지고 다녀야 되겠네요."

녀석은 고개를 숙이고 두 손으로 내게 필통을 주었다.

여러 가지 기능 겸용이거나 특이한 디자인의 필통을 아이들이
유용하게 사용하면 장난감도 되고 상상력도 키울 수도 있다. 하지만
그것을 학교에 가지고 오면 공부를 방해하는 물건이 된다.

1학년 때는 분홍색, 파란색 등 인형이나 로봇이 그려진 플라스틱
필통을 많이 사용하지만 학년이 올라갈수록 천이나 부드러운 비닐
로 된 필통을 많이 사용한다.

저학년이나 고학년이나 공통적인 점은 연필을 몇 자루 넣지 못하
게 작거나 납작한 것은 아이들이 별로 좋아하지 않는다는 점이다.

연필, 색연필, 자, 가위, 지우개 등 많은 것을 한꺼번에 넣을 수 있
는 아주 큰 필통을 아이들은 아주 좋아한다. 그런 필통이 처음 나왔
을 때는 주로 5, 6학년이 많이 사용했는데 요즈음은 저학년도 많이

사용한다.

　필통 고유의 편리한 기능과 실용성을 생각한 아이들의 선택이 참 지혜롭다.

연필이 말해주는 것들

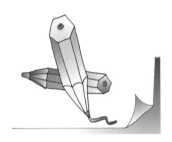

"선생님, 경필대회 상장 언제 나와요?"

"으음, 다음 주 월요일."

"누가 뽑혔어요?"

"선생님은 잘 모르는데."

"아, 내가 일등이면 좋겠다. 하나님, 제가 일등 되게 해 주세요."

평소에 필통도 잘 안가지고 다녀서 경필쓰기 대회 날에도 연필을 빌려 썼던 연규가 상을 타고 싶은 희망을 간절하게 나타냈다. 다른 아이들도 여기저기서 서로 상을 타고 싶다고 아우성이었다.

저학년 아이들인 경우에는 필통 속 연필을 보고 그 아이의 성향을 대충 알 수 있다.

야무지고 차분한 아이의 필통 속에는 학교에서 안내해준 대로 약간 뭉툭하게 깎은 2B연필이나 B연필이 항상 서너 자루 들어있다. 이 시기는 손의 힘과 유연성이 아직 부족해서 아주 힘주어 연필을 잡고 글씨를 쓴다. 그래서 연필을 눌렀을 때 잘 부러지지 않게 굵게 깎은 연필심을 사용해야 된다. 2B연필이나 B연필로 글씨를 쓰면 바른 글씨를 진하게 쓸 수 있으며 손이 덜 아프다.

글씨가 예쁘면 담임선생님이나 친구들로부터 칭찬 받는 횟수도 많아진다. 자신감도 길러지므로 점점 야무지고 차분하게 행동하게 되는 것이다.

뾰족하게 깎은 HB연필이나 H연필을 사용하는 아이들은 손의 힘에 비해 글씨가 너무 흐려 보이고 획이 원하는 대로 바르게 그어지지 않아서 글씨를 날려 쓰는 경우가 많다.

미운 글씨 때문에 놀림을 받을 수도 있고 칭찬 받을 기회도 상대적으로 적어지다 보니 주눅이 들 수도 있다. 또 연필심이 잘 부러져서 교실 뒤에 놓여 있는 연필깎기가 놓여 있는 곳과 자기 자리 사이를 들락날락하며 집중을 하지 못한다.

저학년인데도 심이 아주 가는 샤프만 한 개 덩그러니 있거나 부러진 연필만 들어 있는 아이는 필통을 열자마자 안절부절이다. 주변을 정리정돈하는 습관이 되지 않아서 책상 위에 항상 수북히 여러 물건을 쌓아놓고 의자 주변에도 여기저기 학용품을 떨어뜨려 놓고 있다. 또한 글씨 쓰기를 싫어하거나 글씨 모양을 다른 사람이 알아보기 힘들 정도이다.

이런 아이들의 행동은 '될 대로 되라'는 식으로 아무런 의욕이 없거나 공격성이 너무 강하다. 잠시도 가만히 있지 못하는 경우도 많다.

연규처럼 필통을 가지고 다니지 않거나 텅 빈 필통을 가지고 다니는 아이는 첫째 시간의 시작 때부터 교실을 소란스럽게 한다.

"선생님, 연필이 없어요."

"어떻게 해요?"

"누구한테 빌려요?"

"야, 누구, 나한테 연필 빌려줄 사람 없어?"

이렇게 할 말이 많으니 공부시간 내내 집중할 리가 없다.

아이의 발달 수준에 알맞은 연필을 준비하는 것은 등교부터 공부를 마칠 때까지 아이의 마음을 차분하게 해 주고 글씨도 바르게 쓰게 해 준다.

연필은 바른 글씨, 칭찬, 정서적 안정, 자신감 등과 연계되어 아이의 성장에 영향을 미치게 된다. 그러므로 1학년 때부터 알맞은 연필을 적당한 개수로 준비하고 필통 속에 잘 챙겨 넣는 습관을 길러 주어야 한다.

스스로 연필을 준비할 동안 배움에 대한 호기심은 높아지고 공부 시간을 즐거운 마음으로 기다리게 된다.

버려지는 물건들

예전에 우리는 양말도 기워 신고 연필도 몽당연필이 되도록 쓰다가 더 작아지면 볼펜대를 끼워서까지 사용했다. 양말이나 연필뿐이랴. 모든 것을 아끼고 또 아껴 썼다.

지금은 학용품도, 옷도 넘쳐나다 보니 잃어버린 물건을 찾아가지 않아서 많이 버려진다.

청소를 하다 보면 크레파스, 색연필, 연필, 자, 지우개, 가위, 색종이 등, 이름이 없이 남겨진 학용품은 교실의 바구니에 담겨 있다가 학년말에 버려진다. 그 바구니에 있는 것을 가져다 쓸 사람을 구해도 두어 명 정도만 손을 들기 때문이다.

한번은 다른 반 아이가 군청색 스웨터를 강당에서 주웠다며 혹시 주인이 있나 알아봐 달라고 했다. 품질 표시가 된 조각 천에 혹시 이름이 적혀 있나 봐도 이름이 없어 누군지 알 수가 없었다.

"얘들아, 강당에 이 옷 놔두고 온 사람 있니?"

"제 것 아니에요."

"제 것도 아니에요."

너도 나도 서로 자기 것이 아니라며 떠드는 통에 교실은 순식간에 소란스러워졌다. 그 옷은 주인을 찾아 여러 교실을 전전하다가 결국 '찾아가세요' 함에 들어가버렸다.

학교에서는 수시로 모든 학용품에 물건에 이름을 쓰라고 지도한다. 책상 밑에 떨어진 연필이나 지우개가 누구 것인가 물어보면 일단 모두 자기 것이 아니라는 말부터 한다.

다행히 이름이나 이니셜이라도 있으면 주인을 찾을 수 있다. 금방 자기 것이 아니라고 했던 아이들도 자기 이름이 적혀 있으면,

"어? 내 꺼네."

하며 생전 처음 보는 물건인 양 이리 보고 저리 보고는 한다.

가정통신문이 바닥에 떨어져 있어서 누구 것인가 물어보면 모두 자기 것은 있다고 말한다. 그래서 가정통신문을 넣어두는 비닐 파일을 책상 위에 올리라고 하고 일일이 확인을 하면 그때서야 한 아이가 입을 불퉁 내밀면서 말한다.

"선생님, 아까 분명히 넣었는데 지금은 없어요."

수학여행이나 수련활동을 마쳤을 때 방을 검사해 보면 꼭 팬티나 모자 같은 것이 방바닥에 떨어져 있다. 역시 누구 것인가 물어보면 모두 자기 것이 아니라고 한다. 친구들 앞에서 부끄러울 수도 있으니까 팬티는 자기 것이 아니라고 하는 것이 이해가 되었지만 며칠간 썼던 모자 주인은 분명히 그 방을 사용했던 아이들 중에 하나일 텐데 딱 잡아뗀다.

학교에 가지고 다니는 물건은 낱개 하나하나마다 이름을 다 써야 한다. 겉옷도 이름을 쓰고 실내화, 우산, 물통, 비닐 봉투, 숫자 카드 등 모든 것에 다 이름을 써야 물건 주인을 찾을 수 있다.

가정에서 나온 헌 옷, 신발 등은 수집하는 단체가 손질해서 국내에 되팔거나 외국에 수출하기도 한다. 실내화, 연필, 지우개, 가위, 자

등 학교에서 주인이 찾아가지 않는 물건들도 버려지지 않고 누군가
의 손에 다시 사용되었으면 좋겠다.

학년별로 아이들에게 유익한 양서 목록은 무엇인가요?

학교에서는 학년별 권장도서 목록을 가정통신문이나 독서록 등을 통해 안내합니다. 이 권장도서는 국어 교과서에 실린 작품, 학생들의 독서 수준이나 독서경향 등을 고려하여 선생님들이 정하기 때문에 지역별, 학교별로 다를 수 있습니다.

권장도서 뿐만 아니라 교실마다 학급문고가 비치되어 있고 학급 어린이 전체가 똑같은 도서를 일정 기간 안에 읽을 수 있도록 도서실에서 바구니에 책을 담아 학급별로 순환하는 학교도 있습니다. 국어 교과서 뒤쪽에 보면 각 학년별로 국어 책에 실린 작품에 대한 안내가 나옵니다. 이 작품들 위주로 읽어도 됩니다.

하지만 자녀의 독서수준이나 성향, 흥미, 미래의 꿈, 학년 등에 따라 부모와 어린이가 함께 선정하는 것이 가장 바람직합니다.

초등학교 선생님은 지도하는 학년이 정해져 있나요?

초등학교에는 담임 선생님과 담임을 하지 않고 영어나 음악 등 교과 수업만 하는 교과전담 선생님이 있습니다. 담임 선생님이나 교과전담 선생님은 모두 초등교사이므로 학년이 고정된 것이 아닙니다. 학교 사정에 따라 해가 바뀌면 교과전담 교사가 학급을 맡아 담임교사가 되기도 하고 담임교사가 교과전담 교사가 되기도 합니다. 교과전담 교사는 체육, 음악, 미술 등과 같은 예능교과나 영어교과 등을 주로 지도하는데, 과학, 실과, 도덕 교과를 지도하기도 합니다. 담임교사나 교과전담 교사가 출근을 하지 못할 경우에는 초등교사 자격증이 있고 지도할 자격이 되는 분이 그 기간 동안만 업무를 대신합니다. 원어민 영어전담 강사, 한국인 영어전담 강사, 체육전담 강사도 일정한 기간 동안 근무합니다. 원어민 영어전담 강사는 한국인 영어전담 강사나 영어 교과전담 교사와 협력하여 영어회화를 지도합니다. 학교에 따라 체육전담 강사가 근무하기도 하는데, 체육 수업시간에 담임교사와 협력하여 체육활동을 지도합니다. 시간표에 '교과'라고 표시되어 있는 시간에는 교과전담 교사가 지도하는 시간입니다.